Saké: l'art du vin d

La culture de la boisson

Copyright © 2024 Hermann Candahashi

All rights reserved

# Saké: l'art du vin de riz japonais

La culture de la boisson nationale japonaise

## Index des chapitres:

| | |
|---|---|
| Introduction | 10 |
| L'histoire du saké : origine et développement | 16 |
| L'importance du saké dans la culture japonaise | 26 |
| La fabrication du saké : du riz au vin | 31 |
| Les variétés de saké et leurs profils aromatiques | 46 |
| L'art du brassage du saké : artisanat et tradition | 92 |
| Saké et cuisine japonaise : une harmonie parfaite | 181 |
| La cérémonie de consommation du saké : rituels et étiquette | 207 |
| Les bienfaits du saké pour la santé : mythe ou réalité ? | 212 |
| Brasseries de saké traditionnelles renommées au Japon | 221 |
| Le saké dans le monde : exportation et influence sur d'autres cultures | 246 |
| Saké : tendances et innovations | 262 |
| Dernier mot | 271 |
| Également publié par moi: | 273 |

# Introduction

Saké – un mot qui pour beaucoup représente le goût du Japon. Mais ce vin de riz traditionnel est bien plus qu'une simple boisson. Le saké est profondément ancré dans l'histoire et la culture du Japon et reflète les valeurs d'artisanat, de tradition et d'innovation. Quand on pense au Japon, on pense inevitablement aux fleurs de cerisier, aux cérémonies du thé et aux geishas – et bien sûr au saké, présent à toutes ces occasions.

Ce livre explore l'art du brassage du saké, la culture et les traditions qui entourent cette boisson, ainsi que son rôle dans le monde moderne. Le saké n'est pas seulement une boisson alcoolisée, mais un symbole culturel qui joue un rôle central dans l'histoire du Japon. La production de saké est un processus complexe et fascinant qui a nécessité les connaissances et le dévouement de plusieurs générations de maîtres brasseurs. C'est une forme d'art qui mérite autant d'appréciation que d'autres arts japonais célèbres tels que la poterie ou la fabrication d'épées de samouraï.

Les origines du saké remontent à plus de 2 000 ans. Les documents historiques montrent que le saké était autrefois utilisé comme offrande aux dieux. Au fil des siècles, le saké est passé d'une boisson purement religieuse à une partie intégrante de la vie quotidienne et des célébrations au Japon. Aujourd'hui, le saké est populaire non seulement au Japon mais aussi dans le monde entier, de nombreux gourmets et connaisseurs internationaux appréciant ses saveurs diverses et sa complexité subtile.

Mais qu'est-ce qui rend le saké si spécial ? C'est le processus par lequel du riz de haute qualité, de l'eau, de la levure et de la moisissure koji sont transformés en une boisson claire et raffinée au cours d'un processus de fermentation précis. L'art de brasser le saké requiert de la patience, de la précision et, surtout, une compréhension approfondie des matières premières et des processus chimiques qui façonnent le caractère du saké.

Ce livre vous emmène dans un voyage dans le monde du saké, en commençant par son histoire et sa signification avant de plonger plus profondément dans les aspects techniques et culturels. Nous examinerons le processus de fabrication du saké en détail et explorerons les différents styles et variétés de saké. Nous examinerons également le lien étroit entre le saké et la cuisine japonaise, car cette boisson est traditionnellement un complément parfait à de nombreux plats japonais.

Outre le rôle traditionnel du saké dans la société japonaise, nous examinons également sa popularité croissante dans le monde moderne. Le saké a depuis longtemps franchi les frontières japonaises et est apprécié comme boisson gastronomique dans de nombreux pays. De nouvelles brasseries émergent et des techniques innovantes évoluent pour redéfinir le saké dans un monde globalisé.

À la fin de ce voyage, vous comprendrez non seulement les subtilités du brassage du saké, mais également la profondeur culturelle et la signification spirituelle associées à cette boisson fascinante. Le saké n'est pas seulement un aliment de luxe : c'est un symbole de la culture, de l'histoire et de l'âme du Japon.

Le saké est étroitement lié à l'histoire du Japon. Au début de la civilisation japonaise, le riz jouait un rôle central, à la fois comme aliment et comme symbole sacré. Le riz était le cœur de l'agriculture et le fondement de la société japonaise. Le saké, fabriqué à partir de riz, est né d'une culture qui vénérait profondément le riz.

L'origine du saké remonte au 3ème siècle avant JC. 400 avant JC, lorsque le riz arriva au Japon et s'imposa rapidement comme l'aliment principal de la population. A cette époque, on découvrit que le riz fermenté pouvait produire une boisson alcoolisée. Les premières méthodes de fabrication du saké étaient rudimentaires : elles impliquaient souvent de simples processus de fermentation dans lesquels le riz était mâché bouche à bouche puis fermenté – un processus appelé « saké kuchikami ». Le riz était transformé en sucre par les enzymes de la salive humaine, ce qui rendait la fermentation possible.

À mesure que la culture et la religion japonaises se developpaient, l'importance du saké augmentait également. Durant la période Kofun (250-538 après JC) et la période Nara (710-794 après JC), le saké est devenu un élément important des cérémonies religieuses. Il était utilisé comme offrande aux dieux shinto et jouait un rôle central dans les rites et fêtes célébrant la fertilité des champs et de la communauté. Ce lien étroit entre le saké et le monde spirituel se ressent encore aujourd'hui au Japon.

Mais qu'est-ce qui rend le saké si spécial ? Ce n'est pas seulement une boisson, mais le résultat d'un lien profond entre la nature, l'artisanat et la science. Faire du saké est une forme d'art qui demande des siècles de connaissances, de patience et de précision. Le processus commence avec du riz de haute qualité soigneusement poli pour n'utiliser que le noyau, le cœur du grain de riz. L'eau, autre ingrédient essentiel, doit être pure et pauvre en minéraux afin de ne pas compromettre les saveurs délicates du saké. La moisissure koji joue un rôle crucial dans la transformation de l'amidon en sucre, tandis que la levure est responsable de la fermentation qui crée l'alcool. Chaque étape est précisément et soigneusement planifiée pour créer un goût harmonieux, complexe et équilibré.

Au Japon, cependant, le saké est bien plus qu'un simple spiritueux. Il fait partie d'un héritage culturel et spirituel profondément enraciné dans le shintoïsme, l'ancienne religion du Japon. Le saké est offert en offrande dans les sanctuaires shinto pour honorer les dieux et demander des bénédictions pour une bonne récolte ou d'autres préoccupations vitales. Le saké est également présent lors des mariages, baptêmes et autres événements importants de la vie. Cette dimension spirituelle donne au saké un sens qui va bien au-delà du simple plaisir. Il s'agit du lien entre la tradition, la religion et la communauté.

Un autre élément fascinant du saké est sa diversité. Bien que le saké soit souvent considéré comme une seule catégorie de boissons, il existe de nombreuses variétés et styles, qui se distinguent par leurs méthodes de production, leurs ingrédients et leurs profils aromatiques. Du Junmai sec au Daiginjo fruité, chaque variété a sa propre histoire et se déguste d'une manière spécifique. Dans ce livre, nous explorerons les différents types de saké et leurs caractéristiques, vous aidant à comprendre les différences et à choisir le saké parfait pour chaque occasion.

La relation entre le saké et la cuisine japonaise est un autre chapitre profondément lié. Le saké est souvent considéré comme un accompagnement idéal aux plats japonais car ses saveurs et ses textures peuvent rehausser et compléter les nuances subtiles des aliments. En fait, il existe un art de choisir le bon saké pour le bon plat, semblable au vin dans la cuisine occidentale. Ce livre vous expliquera comment associer le saké à différents plats pour profiter du meilleur des deux mondes.

Bien que le saké soit apprécié au Japon depuis des siècles, il a acquis une notoriété internationale au cours des dernières décennies. De plus en plus de personnes en dehors du Japon découvrent la complexité et la sophistication de cette boisson, et les brasseries de saké exportent leurs produits dans toutes les régions du monde. Il existe également des développements innovants dans la production du saké, combinant des techniques traditionnelles avec des méthodes modernes pour créer de nouveaux goûts et styles. Dans le même temps, l'industrie du saké est confrontée à des défis, notamment en matière de durabilité et de préservation des processus de production traditionnels. Comme toute forme d'art, le saké doit évoluer pour rester pertinent dans un monde globalisé et en constante évolution.

Ce livre se veut non seulement une introduction au monde du saké, mais également à fournir une compréhension plus approfondie de la culture qui l'entoure. Nous plongerons dans les origines du saké, examinerons sa production en détail et explorerons les différents styles de saké et leur importance dans la vie quotidienne et les rituels religieux japonais. Nous jetons également un regard sur le monde moderne du saké, qui connaît des changements passionnants tant au Japon qu'à l'échelle internationale.

Laissez-vous inspirer par le monde fascinant du saké, une boisson qui est bien plus qu'une simple goutte d'alcool de riz. C'est un miroir de l'âme japonaise, un symbole d'harmonie, d'art et de communauté. Rejoignez-nous dans ce voyage à travers les siècles, à travers les brasseries et les cérémonies, et découvrez l'art du saké d'une manière que vous ne connaissiez peut-être pas auparavant.

# L'histoire du saké : origine et développement

Le thème de l'histoire du saké, le vin de riz japonais, est fascinant et remonte à des milliers d'années. Le développement du saké reflète non seulement l'évolution culturelle et technique du Japon, mais également ses changements sociaux, économiques et religieux. Afin de représenter adéquatement cette histoire complexe, il est important d'éclairer à la fois les racines historiques ainsi que les avancées techniques et le rôle du saké dans la culture japonaise.

La création du saké est étroitement liée au développement de la culture du riz au Japon. Le riz, la principale céréale du Japon, est cultivé dans l'agriculture japonaise depuis des milliers d'années. Les historiens pensent que le riz a probablement été introduit dès la période Jomon (environ 14 000 - 300 avant JC), mais pas avant le début de la période Yayoi (300 avant JC - 300 après JC).

C'est également au cours de cette phase que débute la fermentation du riz, qui peut être considérée comme un précurseur du saké. Il existe des preuves que les premières formes de saké étaient fabriquées en mâchant puis en crachant du riz, car les enzymes de la salive humaine déclenchaient le processus de fermentation. Cette méthode, connue sous le nom de « Kuchikami no Sake » (littéralement « saké mâché »), peut paraître rudimentaire, mais elle montre le lien précoce entre les rites religieux et la consommation de boissons alcoolisées. Depuis sa création, le saké a une signification spirituelle profondément enracinée et a souvent été utilisé dans des cérémonies et des rituels religieux.

Avec l'introduction de la riziculture et des techniques de fermentation plus complexes, le saké a progressivement évolué vers un processus structuré. Ce n'était pas seulement une boisson mais un symbole spirituel et culturel.

La période Kofun (300 - 538 après JC) et la période Asuka (538 - 710 après JC) marquent une période cruciale dans le developpement du saké, lorsque les techniques de production furent raffinées et que le saké joua un rôle de plus en plus important dans le monde social et la vie religieuse du Japon. . Durant cette phase, des méthodes ont été développées pour cultiver des moisissures comme Aspergillus oryzae, qui ont permis de transformer les sucres du riz en alcool.

Avec la création de la cour impériale japonaise, le saké a joué un rôle important dans les cérémonies religieuses et les fêtes de la cour. Le shintoïsme, la religion indigène du Japon, utilisait le saké comme offrande aux dieux (kami) pour gagner leurs faveurs. Le lien étroit entre le saké et la foi shinto a conduit à une vénération religieuse pour cette boisson, considérée comme un intermédiaire entre les hommes et les dieux.

Durant la période Heian (794 – 1185), le Japon a connu un développement culturel et artistique florissant. Cette époque est souvent qualifiée de « Japon classique », et c'est durant cette période que le saké s'est consolidé en tant qu'élément culturel important. La consommation de saké ne se limite plus aux cérémonies religieuses, mais devient également populaire lors des fêtes et des occasions sociales.

L'art de la production du saké continue d'évoluer et des brasseurs spécialisés sont mandatés pour répondre aux besoins croissants de l'aristocratie et de la famille impériale. Les brasseries qui ont vu le jour à l'époque ont jeté les bases de nombreuses techniques et traditions encore utilisées aujourd'hui dans la production de saké.

Des documents écrits sur la production et la consommation de saké ont également été diffusés au cours de cette période. L'une des œuvres les plus célèbres de cette période, l'« Engishiki », un document gouvernemental du début du Xe siècle, contient des descriptions détaillées de la production et de l'utilisation rituelle du saké dans le shintoïsme. Cela montre qu'à cette époque la production de saké n'était pas seulement un artisanat mais aussi une pratique institutionnalisée soumise à des règles strictes.

Les périodes Kamakura (1185 - 1333) et Muromachi (1336 - 1573) ont apporté des changements importants dans la société japonaise ainsi que dans la production du saké. Durant la période Kamakura, une nouvelle classe guerrière, les samouraïs, émergea et assuma bientôt un rôle dominant dans la société. À cette époque, le saké était de plus en plus consommé par la population en général, et pas seulement par l'aristocratie.

Au 14e siècle, d'importantes avancées techniques dans la production du saké ont été réalisées au Japon. L'introduction de levures dans le processus de fermentation a permis un meilleur contrôle de la production d'alcool et les méthodes de polissage du riz ont été améliorées, ce qui a affiné la saveur du saké. Durant la période Muromachi, des brasseries commerciales de saké ont été établies dans tout le Japon, indiquant une demande croissante.

Le saké est également devenu une exportation importante, notamment avec la Chine et la Corée. Ces relations internationales favorisaient non seulement les échanges culturels, mais aussi le progrès technologique dans l'art brassicole.

La période Edo (1603-1868) fut une période de paix et de stabilité relatives au Japon, qui donna une impulsion majeure à la production de saké. Le gouvernement Tokugawa encouragea le commerce intérieur et de nombreuses régions se spécialisèrent dans la production de saké. Au cours de cette période, les techniques modernes de brassage du saké ont été largement standardisées et de nombreuses brasseries célèbres d'aujourd'hui ont été fondées à cette époque.

L'un des développements les plus importants de cette période a été la diffusion du concept de variétés régionales de saké. Différentes régions géographiques ont commencé à développer leurs propres méthodes et styles de production de saké, entraînant l'émergence d'une variété de profils aromatiques. Cette diversité régionale est une caractéristique qui distingue encore aujourd'hui le saké.

La période Edo voit également le développement de « l'économie du saké ». De grandes brasseries ont émergé, produisant du saké à grande échelle, et le saké est devenu une boisson quotidienne parmi la population. Dans le même temps, le saké conservait sa signification rituelle dans les cérémonies religieuses et culturelles.

Avec le début de la période Meiji (1868 - 1912) et l'ouverture du Japon à l'Occident, l'industrie du saké traverse une phase de modernisation et d'industrialisation. Les technologies brassicoles occidentales et les connaissances scientifiques ont été intégrées à la production, ce qui a permis d'améliorer encore davantage l'efficacité et la qualité.

Le développement des machines pour le polissage du riz, le contrôle précis de la fermentation et l'introduction de techniques modernes de stockage ont permis de produire du saké à une échelle encore plus grande. Dans le même temps, le commerce international s'est intensifié et le saké a commencé à être reconnu en dehors du Japon.

Au XXe siècle, l'industrie du saké a été considérablement affectée par la Seconde Guerre mondiale, mais elle s'est rapidement rétablie après la guerre. Le saké est devenu un symbole du patrimoine culturel japonais et les exportations ont de nouveau augmenté. Le saké a gagné en popularité à l'échelle internationale, en particulier au cours des dernières décennies, avec le développement d'une culture du saké croissante dans de nombreux pays.

Au cours de l'histoire du saké, de nombreux procédés spéciaux se sont développés qui ont façonné le caractère et la qualité de cette boisson unique. Ces techniques reflètent les progrès technologiques ainsi que la compréhension croissante de la fermentation et de la transformation. Les temps changeants ont conduit à des améliorations continues des processus de fabrication, influencées à la fois par l'innovation et les caractéristiques régionales.

Dans la première phase de la production du saké, comme déjà mentionné, la méthode « Kuchikami no Sake » a été utilisée. Il s'agissait d'un processus archaïque dans lequel l'amidon du riz était décomposé en sucre par les enzymes de la salive. Bien qu'il s'agisse d'une technique simple, elle a jeté les bases du développement ultérieur de processus de fermentation plus complexes.

Au fil du temps, cette méthode a été remplacée par l'utilisation de moisissures telles que Aspergillus oryzae, qui permettaient de transformer plus efficacement l'amidon en sucre. Cette introduction a révolutionné la production de saké car elle a permis aux brasseurs de traiter de plus grandes quantités et de mieux contrôler le processus. Le rôle de *Aspergillus oryzae*, également connu sous le nom de koji, est devenu l'élément central de la production de saké.

Le Koji est l'un des éléments les plus importants dans la production du saké. Durant les périodes Kofun et Asuka, la technique de culture du koji a été affinée, permettant une méthode de conversion du sucre contrôlable et reproductible. Le Koji est ajouté au riz cuit à la vapeur et la moisissure libère des enzymes qui transforment l'amidon en sucre. Ce sucre sert ensuite de base à la fermentation par les levures.

Ce processus a été affiné au fil des siècles. Au cours de la période Edo, un contrôle précis de la température de croissance du koji a été développé pour contrôler le taux de fermentation et garantir une qualité constante du saké. La capacité de diriger le processus de conversion du sucre est devenue un facteur essentiel affectant le goût et la délicatesse du produit final.

Au Moyen Âge, la levure était de plus en plus étudiée comme agent de fermentation et intégrée à la production de saké. Il s'agit d'une avancée significative car la levure permet la production d'alcool grâce à la fermentation du sucre. Durant les périodes Kamakura et Muromachi, les avantages de la culture ciblée de la levure ont commencé à être exploités.

L'ajout ciblé de levure a permis aux brasseurs de contrôler plus précisément la teneur en alcool tout en raccourcissant la durée de la fermentation. Auparavant, le processus reposait fortement sur la fermentation spontanée, ce qui pouvait conduire à des résultats inégaux. En utilisant de la levure, l'ensemble du processus de brassage est devenu plus stable et plus efficace. Ce développement a contribué de manière significative à faire du saké un produit plus fiable avec des normes de qualité constantes.

Un autre aspect important de la production du saké est le polissage du riz qui sert de matière première à la boisson. Au début de la production du saké, le riz n'était que grossièrement poli, laissant dans le saké une partie importante de la couche externe, qui contient des protéines et des graisses. Ces substances affectent souvent négativement le goût et la texture du produit final en produisant des arômes indésirables.

Durant la période Muromachi, les brasseurs ont commencé à se concentrer davantage sur le polissage du riz. La couche externe du grain de riz est retirée, ne laissant que le noyau amylacé. Plus le riz est poli, plus le saké obtenu est pur et délicat. Cela a conduit au développement de variétés de saké haut de gamme telles que le Daiginjo, où le riz est poli à au moins 50 % de son poids d'origine.

Les machines modernes à polir le riz développées pendant la période Meiji ont révolutionné ce processus. Ils ont permis de polir le riz avec beaucoup plus de précision et de rapidité, augmentant ainsi considérablement la qualité du saké et conduisant à une nouvelle augmentation de la variété et de la sophistication des variétés disponibles.

Un processus particulièrement important dans la production du saké est la fermentation dite à plusieurs étapes ou parallèle. Cela distingue fondamentalement le saké de la production de nombreuses autres boissons alcoolisées. Dans la bière, par exemple, l'amidon est d'abord transformé en sucre avant le début de la fermentation. En revanche, dans le saké, la transformation de l'amidon en sucre par le koji et la fermentation simultanée par la levure se déroulent en parallèle.

Ce parallélisme des procédés permet d'obtenir une très forte concentration de sucre et d'alcool, ce qui rend le saké unique. En convertissant simultanément l'amidon en sucre et le sucre en alcool, le saké peut atteindre une teneur en alcool plus élevée (souvent autour de 15 à 20 %) que la plupart des autres boissons fermentées. Cette technique s'est développée au fil des siècles et s'est particulièrement perfectionnée à l'époque d'Edo, lorsque la compréhension des processus enzymetiques et de la fermentation a fait l'objet de recherches de plus en plus scientifiques. Le contrôle de ces processus complexes est l'une des principales raisons de la diversité des variétés de saké et de leurs caractéristiques gustatives particulières.

Une autre étape importante dans la production du saké fut l'introduction de la pasteurisation au début de la période Edo. En chauffant le saké fini, les micro-organismes pourraient être tués et les processus de fermentation secondaire indésirables pourraient être arrêtés. Cela a contribué de manière significative à stabiliser le produit et à prolonger considérablement sa durée de conservation. Le saké pasteurisé avait non seulement une durée de conservation plus longue, mais avait également un goût plus stable, ce qui facilitait la distribution et le commerce.

La pasteurisation était initialement réalisée en chauffant le saké sur le feu, puis des méthodes modernes telles que le chauffage à la vapeur ont été développées. Cette pratique reste aujourd'hui une norme dans la production de saké et constitue un facteur crucial dans la qualité du produit final.

À l'ère moderne, de nombreuses méthodes traditionnelles ont été conservées mais complétées par des techniques scientifiquement fondées. En particulier, le contrôle de la température et de l'humidité pendant le processus de brassage a été affiné grâce aux technologies modernes. L'introduction de souches de levure spéciales a également permis aux brasseurs d'adapter encore plus précisément le goût et l'arôme du saké. En outre, l'internationalisation de l'industrie du saké a conduit à de nouveaux processus visant à rendre le saké attrayant pour les marchés étrangers. Par exemple, des variantes telles que le Nigori (saké non filtré) ou le saké à faible teneur en alcool ont été créées, adaptées aux préférences occidentales.

L'histoire de la production du saké est un exemple impressionnant de la façon dont les techniques artisanales peuvent se développer et s'affiner au fil des millénaires sans perdre leur identité originale. Des premières méthodes de fermentation à l'introduction de technologies de brassage modernes en passant par la commercialisation internationale, le saké reste un symbole de l'équilibre entre tradition et innovation. Chaque étape du processus de production, qu'il s'agisse de la culture du koji, du polissage du riz ou de la fermentation parallèle, contribue à la diversité et à la profondeur de cet héritage culturel et façonne encore aujourd'hui la qualité de la boisson.

Aujourd'hui, le saké n'est plus seulement une boisson alcoolisée, mais un symbole de la culture et de la tradition japonaise. Il reflète l'histoire, les avancées technologiques et les croyances religieuses qui ont façonné le Japon. L'histoire du saké montre à quel point une boisson peut jouer un rôle central dans l'identité culturelle d'un pays depuis des millénaires.

# L'importance du saké dans la culture japonaise

Le saké, boisson traditionnelle japonaise à base de riz fermenté, est profondément enraciné dans la culture japonaise et joue un rôle central dans la vie sociale et religieuse du pays depuis des siècles. Bien plus qu'une simple boisson alcoolisée, le saké symbolise l'histoire, les rituels et le lien des Japonais avec leur environnement. L'importance du saké dans la culture japonaise s'étend à de nombreux domaines, de la culture de consommation quotidienne aux cérémonies et festivals religieux dans lesquels le saké joue un rôle spirituel et culturel.

L'histoire du saké remonte à plus de 2 000 ans. Les premières preuves de la production et de la consommation de boissons alcoolisées à base de riz remontent à la période Yayoi (300 avant JC - 300 après JC), lorsque le riz était cultivé au Japon et que des boissons fermentées étaient produites. Aux premiers siècles, le saké était étroitement lié aux rites religieux. Il était utilisé lors des cérémonies shinto comme offrande aux dieux (kami) pour gagner leur faveur et demander une récolte abondante ou le bien-être de la communauté.

Durant la période Nara (710-794) et la période Heian (794-1185), la production de saké a continué à se développer et la boisson a été raffinée dans les monastères et les temples. À cette époque, il était également utilisé pour des rituels et des festivals courtois, ce qui renforçait encore l'importance du saké en tant qu'élément d'unification culturelle et sociale.

Le saké joue un rôle central dans la religion shinto, profondément ancrée dans la culture japonaise. Les cérémonies shinto, toujours organisées aujourd'hui dans les sanctuaires à travers le pays, impliquent souvent de boire et d'offrir du saké. Ces traditions, ancrées dans l'idée que le saké a le pouvoir d'apaiser les dieux et de relier les gens à eux, ont donné à cette boisson une signification spirituelle.

Le saké est également utilisé rituellement lors des mariages et autres événements importants de la vie. La cérémonie « San-san-kudo », traditionnellement célébrée lors des mariages japonais, implique que les mariés boivent à tour de rôle trois fois dans une tasse de saké, symbolisant la pureté, l'harmonie et l'établissement d'une alliance. Ce geste reflète le lien culturel profond que le saké entretient dans les domaines du rituel et de la famille.

Le saké joue également un rôle dans les célébrations saisonnières, comme le Nouvel An. Le « O-toso », un saké épicé spécial, est traditionnellement bu pour chasser les mauvais esprits et garantir la chance pour l'année à venir. Ces coutumes soulignent que le saké est plus qu'une simple boisson : il est considéré comme un porteur de symbolisme et un moyen de communication avec le monde spirituel.

L'art du brassage du saké est un processus complexe qui nécessite un contrôle minutieux et des techniques vieilles de plusieurs siècles. Les ingrédients de base sont le riz, l'eau, la levure et la moisissure koji (Aspergillus oryzae), chacun de ces ingrédients jouant un rôle crucial dans le processus de brassage.

Tout d'abord, le riz est poli pour éliminer les couches externes, créant ainsi un produit final plus propre et plus fin. Le degré de polissage du riz influence considérablement la qualité et le goût du saké. Plus le riz est poli, plus la qualité du saké est élevée.

Après polissage, le riz est cuit puis le moule koji est ajouté, ce qui transforme l'amidon du riz en sucre. Ce sucre est ensuite fermenté en alcool par la levure. Ce processus de fermentation est différent de la fabrication de la bière car il effectue simultanément la conversion de l'amidon en sucre et du sucre en alcool - un processus connu sous le nom de « fermentation parallèle multiple ».

Le processus de production du saké reflète également l'importance que la culture japonaise accorde à la précision, au dévouement et au respect des processus naturels. La qualité de l'eau utilisée dans la production, ainsi que les conditions climatiques de la région où le saké est produit, affectent également le goût et la consistance du produit final. Des régions telles que Niigata, Hiroshima et Kyoto sont connues pour leurs produits de saké de classe mondiale, ce qui se traduit par une fierté régionale pour les brasseries locales et leurs profils de saveurs uniques.

Aujourd'hui, le saké n'est pas seulement une boisson, mais aussi une expression de tradition, de savoir-faire et d'identité. De nombreuses petites brasseries de saké familiales au Japon produisent du saké en utilisant des méthodes séculaires transmises de génération en génération. Ces brasseries sont souvent profondément impliquées dans la communauté locale et le saké qu'elles produisent est considéré comme un symbole de fierté régionale.

Dans la société japonaise moderne, le saké est consommé lors de festivals, de restaurants et de réunions sociales. Dans le même temps, le saké a également gagné en popularité à l'étranger en raison de la mondialisation et du commerce international. Dans de nombreux pays, le saké est désormais considéré comme un produit exotique et de grande qualité, servi dans les restaurants haut de gamme.

Aujourd'hui, la consommation du saké a changé. Alors qu'autrefois il jouait un rôle central, notamment lors des occasions rituelles et festives, il est aujourd'hui de plus en plus perçu comme un aliment de luxe. Les brasseries modernes expérimentent de nouvelles saveurs et techniques de production pour rendre le saké accessible à un public plus large.

La culture du saké s'est également internationalisée. Le saké gagne en popularité dans des pays comme les États-Unis, la France et l'Allemagne. Les sommeliers et les chefs internationaux intègrent le saké à leurs menus, le reconnaissant comme une boisson polyvalente qui s'associe aussi bien aux plats traditionnels japonais qu'aux cuisines internationales.

Le saké a une signification profondément enracinée dans la culture japonaise qui va bien au-delà de son statut de boisson alcoolisée. Il symbolise la spiritualité, la communauté et l'artisanat et constitue un lien entre le passé et le présent japonais. Le saké est utilisé lors des cérémonies religieuses, constitue un élément central des festivals et symbolise le patrimoine culturel du Japon à travers son processus de production et son importance régionale.

Dans les temps modernes, le saké reste un symbole important de l'identité culturelle du Japon, et sa popularité, tant au Japon que dans le monde, souligne sa pertinence continue. L'art de la production du saké, le rôle qu'il joue dans les pratiques spirituelles et son importance en tant que symbole culturel démontrent les liens étroits entre le saké et le mode de vie japonais.

# La fabrication du saké : du riz au vin

Le saké, la boisson traditionnelle japonaise au vin de riz, est plus qu'une simple boisson alcoolisée : c'est un symbole de la culture et de l'histoire japonaises. Le saké est brassé au Japon depuis des siècles et sa production est étroitement liée au cycle agricole, aux saisons et aux méthodes artisanales traditionnelles. L'art de la fabrication du saké nécessite du dévouement, un travail méticuleux et une compréhension approfondie des ingrédients et des processus qui façonnent le produit final.

Au cœur de la production de saké se trouve le riz, un aliment de base au Japon. Contrairement au riz cuit pour la consommation, le riz au saké est une variété spéciale, plus grosse et plus riche en amidon. Ce riz, connu sous le nom de Shuzo Kotekimai, est cultivé dans certaines régions du Japon où le climat et le sol sont optimaux pour la culture de cette variété particulière de riz.

Avant que le processus de fabrication proprement dit puisse commencer, le riz est poli. Il s'agit d'une étape critique qui affecte grandement la qualité du saké. La partie externe du grain de riz contient des protéines, des graisses et des minéraux qui peuvent altérer le goût du saké. Le polissage supprime cette partie externe, ne laissant que le noyau interne d'amidon du riz. Le degré de polissage du riz est un facteur important pour déterminer la qualité du saké. Un grain plus poli donne une saveur plus fine et plus légère, tandis qu'un riz moins poli produit une saveur plus robuste et plus complète. Les variétés de saké de haute qualité telles que le Daiginjo peuvent avoir un niveau de polissage de 50 % ou moins, ce qui signifie que la moitié du grain de riz d'origine a été éliminée.

Après polissage, le riz est lavé pour éliminer les particules d'amidon restantes puis trempé dans l'eau pendant un certain temps. Le processus de trempage varie en fonction du style de saké et du type de riz souhaité. Un riz bien trempé absorbe la quantité optimale d'eau, ce qui est crucial pour la fermentation ultérieure.

Le riz est ensuite cuit à la vapeur. La cuisson à la vapeur est différente de l'ébullition car le riz n'est pas cuit dans l'eau mais par la vapeur montante. Cette étape est cruciale car elle ramollit suffisamment le riz pour permettre la fermentation, tout en préservant la structure du grain afin que l'amidon soit libéré lentement et uniformément pendant le processus de fermentation. La qualité de la cuisson à la vapeur influence considérablement la consistance du saké et sa capacité à transformer les glucides en sucres lors de la fermentation.

L'une des phases les plus uniques et les plus importantes de la production de saké est l'introduction du koji. Le koji est une moisissure courante dans la cuisine asiatique et qui joue un rôle crucial dans la fermentation. Dans la production de saké, la moisissure Aspergillus oryzae est appliquée sur le riz cuit à la vapeur. Cette moisissure produit des enzymes qui transforment l'amidon du riz en sucre – un processus connu sous le nom de saccharification. Sans cette conversion, la fermentation du saké ne serait pas possible car les levures n'ont pas accès aux amidons complexes, seulement aux sucres simples.

La production de Koji est un processus hautement spécialisé et strictement contrôlé. Le riz cuit à la vapeur est étalé dans des pièces spéciales à température et humidité contrôlées pendant que le moule koji y est appliqué. Au cours des deux jours suivants, le riz est retourné et surveillé régulièrement pour garantir que le koji pousse uniformément et pénètre de manière optimale dans le riz. Cette étape demande beaucoup d'expérience, car une température ou une humidité incorrecte peut nuire à la croissance du koji et affecter grandement le goût du saké.

Après la fermentation du koji, le riz est mélangé avec de l'eau et de la levure pour créer une culture starter appelée shubo ou moto. Ce mélange est le point de départ de la fermentation alcoolique. La levure commence à convertir les sucres produits par le koji en alcool et en dioxyde de carbone. Ce processus est similaire à la fabrication du vin ou de la bière, où la levure convertit le sucre en alcool. Cependant, le processus simultané de saccharification et de fermentation est unique dans la production de saké. Tandis que la levure convertit le sucre en alcool, le koji convertit continuellement l'amidon de riz en sucre, permettant ainsi une fermentation continue.

Le shubo est fermenté pendant plusieurs semaines, pendant lesquelles les cultures de levure se multiplient et constituent la base du reste du processus de brassage du saké. Le contrôle de la température pendant ce processus est crucial car des températures trop élevées peuvent accélérer la croissance des levures et conduire à un processus de fermentation trop rapide, affectant le goût du saké.

Une fois le shubo préparé, cette culture starter est mélangée à de plus grandes quantités de riz, d'eau et davantage de koji pour commencer le processus de fermentation principal, connu sous le nom de moromi. Ce processus prend plusieurs semaines, pendant lesquelles le mélange fermente lentement et la teneur en alcool augmente régulièrement. Le processus Moromi nécessite une surveillance constante car la température, la teneur en humidité et le temps de fermentation influencent grandement le goût final du saké.

Durant la phase Moromi, le riz est entièrement transformé en alcool, produisant une boisson alcoolisée dont la teneur en alcool est d'environ 18 à 20 pour cent. La température doit être contrôlée particulièrement soigneusement pendant cette phase, car des températures élevées peuvent donner un saké indésirablement sucré, tandis que des températures plus basses rendent les saveurs plus complexes et subtiles.

Une fois la fermentation terminée, le saké est filtré pour éliminer les solides tels que les grains de riz et la levure. Cette étape, appelée pressage, peut être réalisée de différentes manières. Les méthodes traditionnelles comme la méthode Fune utilisent une sorte de presse en bois pour séparer la partie liquide du reste solide. Les méthodes modernes utilisent souvent des presses mécaniques, ce qui rend le processus plus rapide et plus efficace.

Après pressage, le saké est pasteurisé pour tuer les levures et micro-organismes restants, puis stocké pendant plusieurs mois pour lui permettre de développer toute sa saveur. Certaines variétés de saké, comme le Namazake, omettent la pasteurisation, ce qui donne un produit plus frais mais moins stable en conservation.

Après pasteurisation, le saké est stocké dans des cuves ou des bouteilles pour vieillir. Pendant ce temps, les arômes continuent de se développer et le saké peut gagner en complexité et en profondeur. La durée de conservation varie en fonction du type de saké et du profil aromatique souhaité. Certains types de saké sont vieillis pendant plusieurs mois, tandis que d'autres sont conservés jusqu'à un an ou plus pour développer des saveurs particulières.

Le saké est généralement conservé à une température constante pour maintenir sa qualité. La température exacte varie, mais de nombreuses brasseries préfèrent un stockage au frais pour garantir une maturation uniforme.

Le saké fini peut être dégusté dans une variété de styles selon la façon dont il est servi. Le saké peut être servi chaud, tiède ou froid, et chaque température fait ressortir différentes saveurs et caractéristiques de la boisson. Les variétés de saké de haute qualité telles que le Ginjo et le Daiginjo sont souvent servies froides pour souligner leurs saveurs délicates et fruitées, tandis que les variétés plus robustes telles que le Junmai peuvent également être servies chaudes pour souligner leur profondeur et leur chaleur.

La production de saké est un processus long et soigneusement contrôlé qui remonte à des siècles de tradition. De la sélection du riz à la fermentation en passant par le vieillissement, chaque étape nécessite une compréhension approfondie de la chimie et de l'art de la fabrication du saké. Dans le même temps, le processus reflète le lien entre l'homme et la nature qui est si central dans la culture japonaise.

L'histoire et la tradition du saké perdurent dans chaque gorgée, et sa production témoigne du savoir-faire artistique et artisanal qui a évolué au fil du temps. Le saké n'est pas seulement une boisson, mais un symbole de la riche culture japonaise désormais appréciée dans le monde entier.

Au Japon, il existe de nombreuses différences régionales dans la production de saké en raison des traditions locales, des conditions climatiques et des ressources disponibles. Ces différences façonnent le goût et le caractère du saké respectif et en font le reflet de la région respective.

Le facteur le plus important des différences régionales dans la production de saké est le riz, qui est cultivé et transformé différemment dans chaque région. Le Japon est connu pour sa variété de variétés de riz utilisées pour la production de saké. Certaines des régions les plus connues pour leur riz au saké de haute qualité sont Hyogo, Niigata et Yamagata.

La préfecture de Hyogo abrite la célèbre région productrice de saké Nada, connue pour son excellente variété de riz au saké Yamada Nishiki. Yamada Nishiki est surnommé le « roi du riz à saké » en raison de sa teneur élevée en amidon et de sa structure de grain uniforme. Cette région bénéficie également de l'eau pure des monts Rokko et d'un climat offrant des conditions idéales pour la culture du riz. Le saké qui y est produit est connu pour sa structure claire et son goût net, souvent accompagné d'une finale sèche.

D'autre part, il y a la région de Niigata, sur la côte nord-ouest du Japon. Niigata a une approche différente de la production de saké, fortement influencée par le climat froid et le riz qui y est cultivé. Dans cette région, on utilise couramment le riz au saké Gohyaku Mangoku, qui a une structure légèrement différente de celle du Yamada Nishiki. Le saké Niigata est connu pour son caractère léger, élégant et souvent sec qui se marie bien avec la cuisine locale. L'eau de source claire des régions montagneuses joue également un rôle important dans la production d'un saké plus subtil et moins puissant.

La préfecture de Yamagata, située au nord du Japon, est quant à elle connue pour la douceur et les saveurs fruitées du saké. Le riz Dewa San San qui y est cultivé confère souvent au saké des notes florales et fruitées particulièrement appréciées dans les variétés Ginjo et Daiginjo. La température plus fraîche pendant le processus de fermentation dans cette région favorise également une saveur plus élégante et complexe.

Outre le riz, l'eau est également un facteur décisif dans les différences régionales dans la production de saké. Le Japon regorge de nombreuses sources d'eau réputées pour leur pureté et leur composition minérale. Selon les régions, l'eau a une influence différente sur le saké.

À Nada, l'une des régions productrices de saké les plus célèbres, l'eau est connue sous le nom de Miyamizu et coule des montagnes. Il est riche en potassium, magnésium et phosphate, qui favorisent la croissance des levures et permettent une fermentation plus forte. Ces minéraux aident le saké à développer un goût prononcé. Le saké Nada se caractérise donc souvent par sa texture forte, sèche et claire.

En revanche, l'eau de Fushimi, une autre région réputée pour le saké de Kyoto, a une faible teneur en minéraux et est plus douce. L'eau douce influence le processus de fermentation et donne un saké plus doux et plus onctueux. Le saké Fushimi est connu pour son goût rond et doux et est souvent décrit comme légèrement sucré.

L'eau joue également un rôle particulier dans la région d'Hiroshima. À l'origine, la région n'était pas connue pour la production de saké car l'eau est très douce, ce qui provoque une fermentation lente. Mais grâce aux innovations technologiques en matière de fermentation qui optimisent l'utilisation de l'eau douce, Hiroshima est devenue un centre de saké de haute qualité. Le saké d'Hiroshima se caractérise par un goût doux, délicat et floral, particulièrement apprécié des variétés Ginjo.

Le climat joue un rôle important dans la production du saké car il affecte le processus de fermentation et le stockage. Dans les régions plus chaudes comme Kyushu, dans le sud du Japon, le saké a tendance à fermenter plus rapidement, ce qui peut donner une saveur plus audacieuse et plus intense. Ces régions produisent souvent du saké plus robuste, fermenté à des températures plus élevées.

En revanche, les régions plus froides comme Akita et Hokkaido, dans le nord du Japon, offrent des conditions plus fraîches qui permettent une fermentation lente. Ces conditions favorisent le développement d'arômes plus complexes et d'un profil aromatique plus raffiné. Le saké fabriqué à Akita est connu pour sa texture soyeuse et ses saveurs distinctes mais subtiles créées par une fermentation lente.

Outre les facteurs climatiques et géographiques, il existe également des différences régionales dans les méthodes de brassage traditionnelles qui se sont développées au fil des siècles. De nombreuses brasseries de saké utilisent encore des techniques artisanales transmises de génération en génération, ce qui donne lieu à des produits uniques.

À Ishikawa, région de la côte ouest du Japon, la méthode traditionnelle Yamahai et Kimoto est très répandue. Ces procédés utilisent des bactéries lactiques naturelles pour démarrer la culture de levure au lieu d'ajouter de l'acide lactique industriel. Il en résulte un saké plus corsé et au goût plus profond, parfois légèrement acidulé. Le saké fabriqué selon cette méthode est souvent décrit comme particulièrement robuste et riche en umami.

Dans la région de Nagano, connue pour ses eaux de montagne propres et fraîches, la méthode de brassage Nagano est souvent utilisée, caractérisée par un processus de fermentation plus long à basse température. Cette technique permet de développer des saveurs délicates et complexes particulièrement adaptées aux variétés Ginjo et Daiginjo.

Un autre aspect important des différences régionales dans la production de saké concerne les levures utilisées dans les différentes régions. Bien qu'il existe des cultures de levure standardisées utilisées dans l'ensemble de l'industrie du saké, de nombreuses régions ont développé leurs propres souches de levure spécifiquement adaptées au climat et aux conditions de production locales.

Un exemple célèbre est la levure n°6 de la préfecture d'Akita, connue pour sa capacité à produire du saké clair et léger. Cette levure est souvent utilisée dans les variétés Ginjo car elle produit des saveurs fruitées et florales particulièrement appréciées dans les régions les plus froides. À Shizuoka, en revanche, on utilise la levure Shizuoka, qui produit un saké particulièrement clair et frais, caractérisé par un arôme délicat et léger.

Chaque région du Japon a développé son propre style de saké, souvent influencé par les aliments et les traditions culinaires locales. Le saké d'Hokkaido est souvent plus fort et plus sucré pour correspondre aux saveurs intenses des plats locaux, comme les fruits de mer et la viande. À Kyoto, où la cuisine a tendance à être légère et subtile, le saké est souvent plus doux et plus léger pour compléter les saveurs plus délicates des aliments.

En résumé, les différences régionales dans la production de saké sont profondément enracinées dans les conditions géographiques, climatiques et culturelles du Japon. Du choix du riz à l'eau et à la levure en passant par les méthodes de brassage traditionnelles, chaque région apporte ses propres influences à la production de saké. Cette diversité fait du saké une boisson fascinante qui reflète non seulement l'art brassicole, mais aussi la diversité culturelle et régionale du Japon.

Les différents types de saké sont créés grâce à différentes approches de production, de sélection des ingrédients et de processus de brassage spéciaux. Chaque type de saké a ses propres caractéristiques gustatives, qui sont influencées par des facteurs tels que le degré de polissage du riz, la levure utilisée, la température de fermentation et le type de maturation. Les types de saké les plus importants et leurs particularrités lors de la production sont décrits en détail ici.

**Junmai Shu**

Junmai signifie littéralement « riz pur » et fait référence au saké fabriqué exclusivement à partir de riz, d'eau, de levure et de koji (moisissure de riz), sans ajout d'alcool distillé. Le degré de polissage du riz contenu dans le saké Junmai doit être d'au moins 70 %, ce qui signifie qu'un maximum de 30 % de la couche externe du riz a été enlevée. Cela se traduit souvent par une saveur plus audacieuse et plus riche, car davantage de composants du riz sont conservés.

La production du saké Junmai met l'accent sur les saveurs naturelles et l'umami du riz, c'est pourquoi ce type a souvent un corps plus corsé et une certaine acidité. Le processus de brassage du saké Junmai peut prendre plus de temps car le moins de polissage du riz nécessite plus de temps pour la fermentation. Traditionnellement, le saké Junmai est fermenté à des températures légèrement plus élevées, produisant un saké plus robuste et plus copieux.

## Honjozo Shu

Le Honjozo est un type de saké dans lequel une petite quantité d'alcool distillé est ajoutée lors de la production. Cet alcool supplémentaire n'est pas ajouté pour augmenter la teneur en alcool, mais plutôt pour rehausser le goût. Le but de la fabrication du saké Honjozo est de rendre les saveurs plus légères et plus douces. Le riz destiné au saké Honjozo est poli à au moins 70 %, comme le saké Junmai.

En pratique, l'ajout d'alcool rend les saveurs du saké plus subtiles et plus accessibles, ce qui donne un produit fini globalement plus doux et plus onctueux. Le Honjozo est souvent servi frais, mais peut également être dégusté légèrement réchauffé, car différentes saveurs se développent à différentes températures. Le processus de production est moins compliqué que celui des variétés Ginjo, c'est pourquoi le Honjozo est souvent consommé comme saké de tous les jours.

## Ginjo Shu

Le saké Ginjo est un type de saké de qualité supérieure dans lequel le riz est poli à au moins 60 % de sa taille d'origine, ce qui signifie que 40 % du grain de riz extérieur est retiré. Ce niveau de polissage plus élevé fait ressortir des saveurs plus fines et plus délicates. Le saké Ginjo se caractérise par ses notes fruitées et florales, issues d'une fermentation lente à basse température.

La fabrication du saké ginjo nécessite des contrôles de température précis et un temps de fermentation plus long pour développer les saveurs complexes. Ce saké est généralement servi frais afin de ne pas occulter les nuances subtiles. Lors de la production, une attention particulière est souvent portée au choix des levures, qui contribuent à produire les arômes fruités typiques comme le melon, la poire ou la pomme. Le processus de brassage est complexe et nécessite un haut niveau de contrôle et d'expertise.

## Daiginjo Shu

Le saké Daiginjo est du plus haut niveau de qualité et est fabriqué à partir de riz poli à au moins 50 % de sa taille d'origine. Cela signifie que plus de la moitié des grains de riz ont été retirés, ce qui permet d'obtenir un goût encore plus pur et délicat. Le saké Daiginjo est extrêmement délicat et possède souvent des saveurs complexes allant des notes florales aux notes fruitées.

La production du daiginjo est particulièrement exigeante. La fermentation a lieu à des températures encore plus basses et sur une période plus longue que pour le saké ginjo. La sélection de la levure et de l'eau joue également un rôle crucial dans l'obtention du profil aromatique souhaité. Ce saké est presque exclusivement servi froid afin de profiter au mieux de ses arômes subtils. En raison de son processus de production intensif, le Daiginjo est l'un des types de saké les plus chers et est souvent bu lors d'occasions spéciales.

## Junmai Ginjo et Junmai Daiginjo

Junmai Ginjo et Junmai Daiginjo sont des variantes du Ginjo et du Daiginjo fabriquées sans ajout d'alcool distillé. La principale différence entre ceux-ci et leurs homologues non-

Junmai est que l'accent est davantage mis sur la saveur du riz et du koji. Ces types de saké ont souvent une texture plus intense et un corps plus ample que les versions avec alcool ajouté.

La production du Junmai Ginjo et du Junmai Daiginjo nécessite le même soin et la même précision que le Ginjo et le Daiginjo, mais sans le raffinement supplémentaire de la saveur de l'alcool. De ce fait, ces types de saké sont souvent un peu plus robustes, mais conservent les arômes fruités et floraux typiques du saké Ginjo.

## Saké Nigori

Le saké Nigori est un saké non filtré avec moins de solides éliminés après la fermentation, ce qui donne au saké un aspect trouble et laiteux. Le nom « Nigori » signifie littéralement « trouble » et fait référence à la consistance floue du saké. Ce type de saké a souvent un goût plus sucré et une texture plus crémeuse car il reste plus de restes de riz et d'autres solides dans la boisson.

Lors de la fabrication du saké Nigori, le processus de pressage est moins intensif pour laisser plus de grains de riz et de levure dans le saké. Cela donne au nigori une texture unique et une saveur pleine. Le saké Nigori a souvent une légère douceur qui provient des balles de riz et de la levure restantes. Le Nigori est généralement servi bien frais et secoué avant de boire pour répartir uniformément les solides.

## Namazaké

Namazake est un saké non pasteurisé au goût frais et vibrant. Le saké est généralement pasteurisé après fermentation pour tuer les micro-organismes et prolonger la durée de vie du saké. Le Namazake, quant à lui, est mis en bouteille sans ce procédé, ce qui lui confère un goût plus intense et frais. Le Namazake n'étant pas pasteurisé, il doit toujours être conservé au réfrigérateur pour conserver sa qualité.

Le processus de fabrication du namazake est essentiellement le même que celui du saké pasteurisé, mais l'étape de traitement thermique est éliminée. Cela donne au namazake un profil de saveur plus vibrant, souvent piquant. Le goût est frais, fruité et présente souvent une légère acidité car la levure et d'autres micro-organismes continuent d'être actifs dans le saké. Le Namazake a une durée de conservation plus courte et est donc souvent produit en plus petits lots.

**Koshu (saké vieilli)**

Koshu fait référence à un saké qui a vieilli sur une période plus longue. Contrairement à la plupart des types de saké, qui sont consommés dans l'année suivant leur production, le Koshu peut être vieilli pendant des années, voire des décennies. Cette maturation se traduit par une saveur profonde et complexe rappelant le sherry ou le brandy. La couleur du koshu est souvent plus foncée et sa saveur peut inclure des notes de caramel, de noix et de fruits secs.

Le processus de production du Koshu commence comme le saké ordinaire, mais après la fermentation, le saké est stocké dans des cuves ou des bouteilles pour développer ses saveurs au fil du temps. La température et les conditions de stockage affectent considérablement le goût final du koshu. Le saké vieilli a une texture dense et une saveur plus intense que le saké frais, ce qui le rend spécial.

**Saké Taru**

Le saké Taru est stocké dans des fûts en bois de cèdre (taru), ce qui lui confère un goût boisé unique. Cette méthode tradetionnelle de stockage du saké remonte à une époque où les fûts en bois étaient le principal moyen de stockage et de transport du saké. Aujourd'hui, le saké taru est apprécié sous un style particulier, avec les saveurs du bois qui infusent la boisson.

Après fermentation, le saké est versé dans des fûts de cèdre où il mûrit pendant une courte période. Les fûts de cèdre confèrent au saké non seulement un arôme distinctif, mais aussi une texture douce. Souvent populaire lors des occasions festives, le saké taru est traditionnellement bu dans des coupes à saké en bois pour rehausser l'arôme du bois.

# Les variétés de saké et leurs profils aromatiques

Le saké, boisson traditionnelle japonaise obtenue à partir de la fermentation du riz, est reconnu dans le monde entier pour sa diversité et ses profils de saveurs nuancés. Bien qu'il soit souvent appelé « vin de riz », le processus de fabrication du saké est très différent de celui du vin ou de la bière. Le goût et la qualité d'un saké sont influencés par un certain nombre de facteurs, notamment le type de riz, la méthode de polissage, la levure utilisée et la technique de brassage. La variété des variétés de saké est impressionnante et chaque variété a son propre profil de saveur unique. Ce texte met en avant les différents types de saké et leurs caractéristiques respectives afin de fournir une compréhension globale du monde du saké.

Avant d'explorer les différents types de saké, il est important de comprendre quelques termes et concepts de base. Le saké est composé de quatre ingrédients principaux : du riz, de l'eau, de la levure et de la moisissure koji (Aspergillus oryzae), qui aide à transformer les amidons du riz en sucre, qui est ensuite transformé en alcool par la levure. Le processus de polissage, qui élimine les couches externes du grain de riz, joue un rôle crucial dans la détermination de la qualité du saké. Plus le riz est poli, plus le goût du saké devient pur et élégant.

**Saké Junmai**

Junmai est l'une des catégories de saké les plus basiques. Le terme « Junmai » signifie littéralement « riz pur » et suggère que ce saké est fabriqué uniquement à partir de riz, d'eau, de levure et de koji, sans ajout d'additifs alcooliques supplémentaires. Le saké Junmai se caractérise par sa saveur pleine et audacieuse, souvent terreuse et riche. Il a tendance à avoir moins de notes fruitées ou florales que les autres sakés, mais il est connu pour sa profondeur et sa complexité.

Le niveau de polissage du riz contenu dans le saké Junmai peut varier, ce qui affecte le profil aromatique. À un niveau de polissage inférieur, où moins de coque externe du grain de riz est retirée, le saké a tendance à avoir des saveurs plus robustes et savoureuses. Plus le riz est poli, plus son goût devient léger et élégant.

Le saké Junmai est l'une des catégories de saké les plus fondamentales et les plus importantes. Son nom, qui peut se traduire littéralement par « riz pur », fait déjà référence à sa composition : il est fabriqué exclusivement à partir de riz, d'eau, de levure et de moisissure koji (Aspergillus oryzae). Contrairement à d'autres types de saké, le saké Junmai ne contient aucun alcool distillé supplémentaire, ce qui lui confère sa pureté et sa profondeur caractéristiques. Cette approche « naturelle » de la production se reflète à la fois dans son goût et dans sa polyvalence.

### Production et degré de polissage du riz

L'une des principales caractéristiques du saké Junmai réside dans le type de riz utilisé et son degré de polissage. Pour le saké en général, le riz est décortiqué pour éliminer les couches externes du grain, qui contiennent principalement de l'amidon et des protéines qui peuvent donner des arômes indésirables au saké fini. Dans le saké Junmai, il n'y a pas d'exigence minimale quant au degré de polissage du riz (contrairement au saké Ginjo ou Daiginjo, où le riz est poli à 60 % et 50 % respectivement). Cependant, dans la pratique, le riz destiné au saké Junmai est généralement poli à environ 70 % de son poids d'origine, ce qui signifie que 30 % du grain extérieur est retiré.

Moins le riz est poli, plus le goût du saké Junmai est robuste. Les variétés de riz moins polies conservent davantage leurs arômes naturels, donnant au saké une saveur plus profonde, plus terreuse et plus complexe. Ces saveurs peuvent paraître plus « granuleuses » ou « épicées », donnant à la boisson une texture plus ferme.

**Profil aromatique du saké Junmai**

Le saké Junmai est souvent décrit comme particulièrement « savoureux » ou « corsé », avec une forte saveur umami provenant du riz et de la moisissure koji utilisée. L'umami, également connue sous le nom de « cinquième sensation gustative », confère au saké Junmai sa profondeur et sa complexité distinctes. Cette saveur se retrouve dans de nombreux aliments japonais et est souvent décrite comme savoureuse, légèrement salée ou charnue. Il permet au Junmai Sake de se marier particulièrement bien avec les plats salés.

Les saveurs du saké Junmai peuvent aller des notes de noisette et terreuses aux notes florales légères. Les saveurs spécifiques dépendent fortement des techniques de brassage et du type de riz utilisé. Cependant, la structure de base du saké Junmai a tendance à être plus forte et moins fruitée que celle des autres catégories de saké. Par exemple, alors qu'un saké Ginjo a souvent des notes fruitées ou florales délicates, le saké Junmai a tendance à avoir des notes de fruits secs, de noix grillées ou encore de champignons.

Ces saveurs plus profondes et plus consistantes en font un excellent accompagnement de plats copieux comme les viandes grillées, les ragoûts ou encore les sushis aux poissons gras.

## Températures de service et dégustation

Une autre caractéristique intéressante du saké Junmai est sa polyvalence en termes de température de service. Alors que certains types de saké se dégustent mieux froids, le saké Junmai peut être servi à différentes températures pour faire ressortir différentes saveurs. Cela en fait une boisson flexible qui peut s'adapter à différentes situations culinaires.

1. Servi froid (10-15°C) : Lorsqu'il est réfrigéré, le saké Junmai fait souvent ressortir ses saveurs plus fraîches et plus subtiles. L'acidité est plus prononcée et les notes de noisette ou de grain peuvent s'effacer pour laisser place à des nuances plus subtiles, presque fruitées.

2. Température ambiante (20°C) : À température ambiante, le saké Junmai affiche un mélange équilibré de ses saveurs fortes et plus légères. La texture devient plus ronde et les arômes développent une certaine profondeur sans être trop intenses. De nombreux connaisseurs apprécient le Junmai à température ambiante, car c'est là qu'il peut développer tout son potentiel.

3. Servi plus chaud (40-50°C) : Lorsque le saké Junmai est chauffé (c'est ce qu'on appelle « atsukan »), les saveurs umami et plus terreuses ressortent. Les températures plus chaudes apportent une douceur agréable au goût, ce qui donne au saké un aspect particulièrement robuste et agréable. Cela se marie très bien avec des plats plus copieux ou peut servir de gâterie réchauffante les jours plus froids.

## Différences régionales et styles locaux

Comme pour de nombreuses boissons et aliments traditionnels, il existe des différences régionales dans le saké Junmai. Selon la région, la brasserie et la source d'eau, les profils aromatiques du saké Junmai peuvent varier considerablement. Le Japon a une longue histoire de production régionale de saké, en raison des matières premières locales et des conditions climatiques.

1. Nord du Japon (région de Tohoku) : Le saké des régions les plus froides du nord du Japon, comme Akita ou Niigata, a tendance à être plus propre et plus sec. Les basses temperatures pendant le processus de brassage donnent souvent un saké Junmai plus léger et plus rafraîchissant, avec une acidité délicate.

2. Ouest du Japon (région du Kansai) : Dans les régions plus chaudes comme Kyoto ou Hyogo, où se trouvent certaines des brasseries de saké les plus anciennes et les plus renommées, le saké Junmai a tendance à être plus riche et plus corsé. De l'eau douce et riche en minéraux est souvent utilisée ici, ce qui contribue à une sensation en bouche plus douce et plus douce.

3. Régions insulaires (Shikoku et Kyushu) : Les régions insulaires du Japon, en particulier Shikoku et Kyushu, sont connues pour leur saké aux saveurs plus prononcées et robustes. Ces variantes de saké Junmai peuvent avoir des notes épicées plus fortes ou des notes umami plus prononcées et ont souvent une coloration plus foncée.

## Accord : saké Junmai et nourriture

En raison de ses saveurs fortes et de sa polyvalence, le saké Junmai accompagne parfaitement divers plats. Grâce à sa saveur plus intense et à son acidité équilibrée, il se marie particulièrement bien avec les plats salés également riches en umami. Certaines combinaisons idéales sont :

Viande grillée : Le saké Junmai se marie bien avec les viandes grillées, notamment le bœuf ou le porc. Les saveurs savoureuses du saké complètent les saveurs rôties de la viande sans qu'aucun des deux profils aromatiques ne domine.

Poissons gras et sushi : De par sa texture ample et robuste, le saké Junmai convient particulièrement aux poissons gras comme le saumon, le thon ou le maquereau. L'acidité du saké équilibre le gras et assure une combinaison équilibrée.

Plats de tofu et légumes : Le saké Junmai se marie également bien avec les plats végétariens, notamment ceux riches en umami, comme le tofu frit, les champignons ou les aubergines. Les saveurs terreuses du saké complètent la profondeur de ces ingrédients.

Plats épicés : En raison de sa structure légèrement forte, le saké Junmai peut également être un bon choix pour les plats épicés ou épicés. La texture du saké adoucit le piquant et assure un équilibre harmonieux.

Dans l'ensemble, le saké Junmai se caractérise par sa polyvalence, sa profondeur et sa capacité à être apprécié aussi bien pur qu'en combinaison avec des aliments. Il offre une expérience de dégustation aux multiples facettes que les connaisseurs et les nouveaux venus dans le monde du saké peuvent apprécier.

### Saké Ginjo

Le saké Ginjo est une catégorie de saké de qualité supérieure à base de riz poli à au moins 60 % de son grain d'origine. Ce niveau de polissage plus fin se traduit par une saveur plus légère et plus délicate avec des notes plus fruitées et florales. Le saké Ginjo se caractérise souvent par des saveurs de melon, de poire, de pomme ou de banane, associées à une texture douce et soyeuse.

Le processus de brassage du saké Ginjo nécessite un contrôle précis de la température et un temps de fermentation plus long, ce qui donne un produit final plus élégant. Le goût du saké ginjo a tendance à être plus propre et plus raffiné, avec une douce acidité qui équilibre les saveurs fruitées.

Le saké Ginjo représente une catégorie de saké de qualité particulièrement élevée qui se caractérise par son processus de fabrication complexe et son profil gustatif fin et élégant. Le nom « Ginjo » signifie « soigneusement brassé », ce qui indique déjà la méthode de brassage sophistiquée. Le saké Ginjo se caractérise par un fruité et une floralité distincts qui le distinguent des autres variétés de saké plus robustes telles que le Junmai. La transformation du riz et les procédés de brassage spéciaux jouent un rôle central, ce qui lui confère un caractère exceptionnellement clair et doux.

### Production et degré de polissage du riz

Une caractéristique clé du saké Ginjo est le degré de polissage du riz. Pour cette variété, le riz est poli à au moins 60 % de son poids d'origine, ce qui signifie que jusqu'à 40 % des couches externes du grain de riz sont éliminées. Ces couches externes contiennent des protéines, des graisses et d'autres composants qui peuvent donner des saveurs plus lourdes pendant la fermentation. En réduisant ces couches, le processus de brassage se concentre sur les composants d'amidon internes du grain de riz, produisant un profil de saveur plus léger et plus raffiné.

Le haut degré de polissage est crucial pour la création des propriétés caractéristiques du Ginjo Sake. Plus le riz est poli, plus le produit final sera pur et élégant. Cela développe des arômes fins et nuancés qui distinguent le saké Ginjo de la structure plus terreuse et forte d'un saké Junmai. Le polissage du riz demande précision et soin car ce processus risque de perdre trop de grains de riz, ce qui pourrait affecter le goût et la qualité.

**Procédés de brassage spéciaux**

Outre le degré de polissage, le processus de brassage est un autre facteur crucial qui confère au saké ginjo ses propriétés particulières. Le saké Ginjo est souvent produit à des températures plus basses et sur une période plus longue que les autres types de saké. Cette fermentation lente et contrôlée permet de développer les saveurs subtiles et la texture équilibrée du saké.

Un autre élément important dans le processus de brassage du Ginjo est l'utilisation de souches de levure spéciales. Ces levures favorisent le développement des notes fruitées et florales caractéristiques du saké ginjo.

Les arômes typiques incluent le melon, la poire, la pêche, la pomme ou même la banane, selon les levures spécifiques utilisées ainsi que les conditions de fermentation. Ce fruité confère au saké ginjo une qualité fraîche et vive qui le rend particulièrement agréable et facilement accessible.

Un point supplémentaire est le choix de l'eau. Les sakés ginjo de haute qualité sont souvent brassés avec de l'eau particulièrement pure et douce, ce qui rehausse leur goût clair et pur. Le Japon est connu pour ses sources d'eau de haute qualité et de nombreuses brasseries s'approvisionnent en eau auprès de sources de montagne ou de rivières riches en minéraux. La pureté et la composition minérale de l'eau contribuent de manière significative à la texture et à la saveur finale du saké.

**Profil aromatique du saké Ginjo**

La caractéristique la plus remarquable du saké Ginjo est son profil aromatique élégant et complexe. Contrairement à d'autres catégories de saké, souvent plus riches et plus corsées, le saké Ginjo est connu pour sa légèreté et sa sophistication. Le haut degré de polissage du riz ainsi que les processus de brassage spéciaux permettent d'obtenir une expérience de dégustation très propre et fraîche.

La première impression du saké ginjo est souvent fruitée et florale, avec des arômes rappelant les fruits mûrs comme le melon, la poire, la pomme ou les agrumes. Ces arômes sont souvent accompagnés de subtiles notes florales qui donnent au saké un aspect léger et éthéré. Une autre caractéristique est la douce acidité, qui confère au saké Ginjo une fraîcheur équilibrée et complète harmonieusement les notes fruitées plus sucrées.

La texture du saké ginjo est douce et soyeuse, avec une légère viscosité qui le rend particulièrement onctueux. Cela lui confère une buvabilité exceptionnelle, ce qui le rend attrayant aussi bien pour les débutants que pour les connaisseurs. Bien que le saké ginjo ait des saveurs fruitées et florales, il n'est généralement pas trop sucré, mais plutôt équilibré et délicat en finale. Cette légèreté en fait un excellent choix pour les connaisseurs qui préfèrent un saké plus subtil mais nuancé.

## Températures de service et dégustation

Le saké Ginjo est généralement préféré servi frais car il fait ressortir ses saveurs fruitées et florales. La température de service typique du Ginjo est d'environ 10-15°C, ce qui lui confère la fraîcheur nécessaire tout en permettant aux saveurs d'apparaître subtiles et claires. Le refroidissement adoucit également la texture du saké, affinant ainsi l'expérience de dégustation.

1. Servi froid (10-15°C) : Le saké Ginjo dévoile mieux ses arômes fruités et floraux à des températures fraîches. Le froid fait ressortir la fraîche acidité et maintient les notes sucrées en équilibre. La douceur et la clarté de la saveur sont particulièrement prononcées à cette température.

2. Température ambiante (20°C) : Le saké Ginjo peut également être dégusté à température ambiante. Les arômes floraux sont ici plus prononcés, tandis que les notes fruitées apparaissent un peu plus douces. Le saké devient globalement plus rond et la texture reste veloutée et douce.

Contrairement au saké Junmai, qui peut être dégusté à des températures plus élevées, le saké Ginjo est rarement chauffé car cela pourrait masquer les délicates notes fruitées et florales. Le chauffage détruirait les arômes délicats et déformerait le goût du saké, c'est pourquoi le ginjo est généralement considéré comme un saké « frais ».

## Différences et styles régionaux

Bien que le saké ginjo ait une structure généralement similaire en raison de son processus de production standardisé, il existe encore des différences régionales qui influencent le caractère de chaque variété. Ces différences proviennent des conditions climatiques, de la sélection des variétés de riz, des ressources en eau et des techniques de brassage des régions respectives.

1. Niigata : Niigata est l'une des régions de saké les plus célèbres du Japon et est connue pour son style « tanrei karakuchi », qui signifie « léger et sec ». Le saké ginjo de Niigata a tendance à être particulièrement propre et sec, avec une fraîcheur claire et rafraîchissante. Cette région est célèbre pour son saké fin et élégant, souvent perçu comme particulièrement « classe ».

2. Hyogo : Hyogo, en particulier la ville de Kobe, est connue pour le saké de la région de Nada, qui abrite certaines des brasseries les plus renommées du Japon. Le saké Hyogo ginjo a tendance à avoir un corps plus riche et plus complet, souvent avec des saveurs de fruits plus intenses et une note légèrement minérale. L'eau riche en minéraux de la région contribue à ce profil aromatique particulier.

3. Tohoku : Dans la région nord du Tohoku, le saké ginjo est souvent brassé à des températures extrêmement froides, ce qui donne un saké particulièrement frais et aromatique. Ces sakés sont souvent légèrement plus floraux et plus légers, avec un caractère rafraîchissant, presque pétillant.

### Mets et accords

La structure légère et élégante du Ginjo Sake en fait un compagnon polyvalent pour une variété de plats. Ses notes fruitées et florales ainsi que son acidité équilibrée s'harmonisent parfaitement avec de nombreux plats raffinés, notamment ceux aux arômes délicats ou frais.

Sashimi et Sushi : Le saké Ginjo est un excellent choix avec les sashimis et les sushis, en particulier les poissons plus légers et moins gras comme le corégone, les calamars ou les pétoncles. La fraîcheur du saké complète la pureté et la tendresse du poisson cru.

Plats bouillis et cuits à la vapeur : Le saké Ginjo se marie bien avec les plats cuits à la vapeur ou bouillis, qui ont également une épice légère et subtile. Par exemple, il est idéal avec des légumes cuits à la vapeur ou du poisson cuit à la vapeur avec une sauce soja légère ou une sauce au citron.

Desserts légers et fruités : Les notes fruitées du saké Ginjo en font également un accompagnement intéressant aux desserts à base de fruits comme les salades de fruits ou les sorbets légers. Sa clarté et sa fraîcheur équilibrent la douceur du dessert sans être trop lourd.

**Saké Daiginjo**

Le saké Daiginjo appartient à la classe premium des variétés de saké et est fabriqué à partir de riz poli à au moins 50 % de son volume d'origine. Ce polissage extrême se traduit par un profil aromatique particulièrement clair et élégant. Le saké Daiginjo est connu pour ses arômes délicats, rappelant souvent les fruits tropicaux comme la mangue ou l'ananas, ainsi que pour sa texture légère, presque éthérée.

Le saké Daiginjo nécessite un processus de brassage particulièrement exigeant qui nécessite beaucoup de savoir-faire et des contrôles de température précis.

Ce type de saké est souvent servi lors d'occasions spéciales et constitue l'un des types de saké les plus chers et les plus exclusifs du marché. Il se caractérise par un goût pur et équilibré qui reflète l'essence du grain de riz poli.

Le saké Daiginjo est l'une des catégories de saké les plus raffinées et les plus élaborées qui soient. Son nom, qui se traduit par « grand Ginjo », fait référence au raffinement du processus de fabrication par rapport au saké Ginjo. Le saké Daiginjo se caractérise par un degré de polissage extremement élevé du riz et une méthode de brassage particulièrement soignée, qui lui confère une élégance et une délicatesse incomparable. Ce type de saké est connu pour ses arômes clairs et délicats, souvent fruités et floraux, et est donc considéré comme l'une des variantes les plus exclusives du vin de riz japonais.

## Production et degré de polissage du riz

L'aspect le plus important qui distingue le saké Daiginjo des autres types de saké est peut-être le degré extrêmement élevé de polissage du riz utilisé. Alors que le riz destiné au saké ginjo est poli à au moins 60 % de son poids d'origine, le saké daiginjo nécessite un niveau de polissage d'au moins 50 %. Cela signifie qu'au moins la moitié du grain de riz extérieur est retirée. Dans de nombreuses grandes brasseries, le riz destiné aux sakés daiginjo de qualité particulièrement élevée est même poli à 35 % ou moins, ce qui signifie qu'il ne reste qu'un petit noyau interne du grain de riz, constitué principalement d'amidon.

Ce haut niveau de polissage aide à éliminer les substances indésirables telles que les protéines, les graisses et les minéraux présents dans les couches externes du grain de riz. Ces substances peuvent produire des saveurs plus lourdes ou plus robustes pendant la fermentation, ce qui n'est pas souhaitable dans un daiginjo. Au lieu de cela, le processus de brassage se concentre sur le noyau féculent pur du riz, ce qui donne une saveur plus légère, plus subtile et élégante.

Polir le riz à un niveau aussi élevé prend beaucoup de temps et coûte cher. Cela nécessite des machines spécialisées et beaucoup de patience, car le processus doit être effectué lentement et précisément pour garantir que les grains de riz délicats ne soient pas endommagés. Ce souci du détail est l'une des raisons pour lesquelles le saké Daiginjo est considéré comme particulièrement exclusif et de haute qualité.

**Techniques de brassage spéciales**

Outre le degré extrêmement élevé de polissage du riz, le processus de brassage joue également un rôle crucial dans la production du saké Daiginjo. Le saké Daiginjo est brassé dans des conditions strictement contrôlées, souvent à des températures très basses et sur une longue période. Cette fermentation lente à basse température permet de faire ressortir les arômes délicats et subtils du saké sans produire de sous-produits de fermentation indésirables qui pourraient en dénaturer le goût.

La sélection de la levure est un autre facteur important qui détermine la variété des saveurs du saké Daiginjo. Des souches de levure spéciales sont souvent utilisées pour favoriser le développement de notes fruitées et florales. Lors de la fermentation, ces levures produisent des esters, responsables des arômes typiques comme la poire, le melon, la pomme ou les fruits tropicaux. Les notes florales peuvent rappeler les fleurs de cerisier, les violettes ou d'autres parfums floraux légers, rendant le saké daiginjo particulièrement éthéré et attrayant.

Un autre élément important est la sélection de l'eau. Le saké Daiginjo est souvent brassé avec de l'eau particulièrement douce et pure, exempte de minéraux durs. Cette qualité de l'eau contribue à la clarté et à la pureté du produit final et souligne les saveurs subtiles sans les dominer. Dans de nombreux cas, l'eau provient de sources naturelles de montagne ou de sources souterraines profondes, connues pour leur pureté particulière.

## Profil aromatique du saké Daiginjo

Le saké Daiginjo est connu pour son profil aromatique exceptionnellement raffiné et délicat. Comparé à d'autres types de saké, qui ont parfois une structure plus robuste ou terreuse, le saké daiginjo se caractérise par une texture douce, presque éthérée, et des saveurs subtiles qui offrent un équilibre fruité, floral et une légère douceur.

1. Saveurs fruitées : Le saké Daiginjo est célèbre pour ses notes fruitées intenses mais subtiles. Des arômes de melon mûr, de poire, de pêche, de fruits tropicaux comme l'ananas ou la mangue et la pomme sont souvent perçus. Ces arômes de fruits sont souvent frais et vifs, conférant au saké un caractère presque juteux qui le rend particulièrement léger et accessible.

2. Saveurs florales : En plus des notes fruitées, le saké daiginjo est également connu pour ses saveurs florales. Ces notes peuvent rappeler des fleurs comme les fleurs de cerisier, la violette ou le jasmin et confèrent au saké une dimension aérienne et élégante. Les composantes florales sont souvent fines et subtiles et complètent les notes fruitées sans les dominer.

3. Légère douceur et acidité douce : Le saké Daiginjo a souvent une douceur subtile et naturelle qui provient de

l'amidon de riz transformé en sucre pendant le processus de brassage. Cependant, cette douceur n'est jamais envahissante, mais reste toujours en arrière-plan et assure une composition équilibrée. L'acidité est également douce et apporte fraîcheur et structure au saké sans perturber le caractère doux et élégant.

4. Clarté et pureté : Une autre caractéristique remarquable du saké Daiginjo est sa clarté et sa pureté de goût. Grâce au degré élevé de polissage du riz et à la fermentation minutieuse, il n'y a que des « bruits » minimes dans le profil gustatif, de sorte que les arômes fins prennent tout leur sens. L'expérience de dégustation est douce, soyeuse et laisse en bouche une sensation pure, presque cristalline.

**Températures de service et dégustation**

Le saké Daiginjo, semblable au saké Ginjo, est généralement servi frais afin de faire ressortir de manière optimale ses arômes fins et délicats. La température idéale de service se situe généralement entre 5 et 15°C, les températures plus froides soulignant les notes fruitées et florales et faisant ressortir la clarté du saké. Le saké Daiginjo est connu pour sa qualité légère et rafraîchissante, particulièrement efficace par temps frais.

1. Servi froid (5-10°C) : A ces températures, le saké daiginjo révèle ses saveurs les plus fruitées et les plus fraîches. La texture est soyeuse et onctueuse, et les subtiles notes fruitées et florales sont prédominantes. La douceur reste subtile et équilibrée, tandis que la fraîcheur et la clarté du saké restent au premier plan.

2. Température ambiante (15-20 °C) : Le saké Daiginjo peut également être dégusté à température ambiante, ses saveurs

paraissant légèrement plus douces et plus rondes. Les notes florales deviennent plus marquantes et la texture devient un peu plus crémeuse. Les arômes de fruits sont moins intenses, mais plus complexes et multi-étages.

C'est une température privilégiée pour les connaisseurs qui souhaitent ressentir la pleine expression du saké. Le saké Daiginjo est rarement chauffé car des températures élevées pourraient détruire ses saveurs délicates. La chauffe entraînerait un estompement des notes fruitées et florales et le saké pourrait perdre son caractère clair et élégant. C'est pourquoi le saké daiginjo est presque toujours servi frais ou à température ambiante.

**Différences et styles régionaux**

Comme pour les autres types de saké, il existe des différences régionales dans le saké daiginjo, qui peuvent être attribuées aux conditions climatiques, aux ressources en eau et aux traditions brassicoles de la région respective. Le Japon est un pays avec des zones climatiques et des sources d'eau diverses, ce qui donne lieu à différents profils aromatiques du saké daiginjo.

1. Niigata : Cette région est connue pour ses sakés extremement secs et élégants. Le saké Daiginjo de Niigata a souvent un goût très propre, sec et croquant, avec un accent sur des saveurs de fruits subtiles et une douceur contenue. La minéralité de l'eau de cette région confère au saké une fraîcheur croquante.

2. Hyogo : Hyogo, en particulier la région de Nada, est l'un des centres de saké les plus célèbres du Japon et est célèbre pour ses sakés daiginjo de haute qualité. Ces sakés se caractérisent par une structure légèrement plus forte et un

équilibre complexe d'arômes fruités, sucrés et floraux. Les eaux douces de cette région contribuent à la texture douce et soyeuse.

3. Yamagata : Dans la région de Yamagata, les sakés daiginjo sont souvent brassés avec des saveurs fruitées particulièrement intenses rappelant les fruits tropicaux ou les fruits à noyau. Ces sakés sont souvent légèrement plus sucrés et ont une texture plus ample et plus douce.

## Saké Nigori

Le saké Nigori est un type de saké non filtré connu pour son aspect trouble et laiteux. Contrairement aux sakés plus clairs, le saké Nigori contient encore des restes de grains de riz, qui donnent à la boisson une texture plus épaisse et plus crémeuse. Au niveau du goût, le saké nigori est souvent plus sucré et plus riche que ses homologues filtrés, avec une saveur intense de riz.

Le saké Nigori n'étant pas entièrement filtré, il contient souvent plus de levures et de sédiments de riz, ce qui lui confère une viscosité plus élevée et une sensation en bouche unique, légèrement granuleuse. Il s'accorde bien avec des plats plus sucrés ou peut même être dégusté en saké de dessert.

Le saké Nigori, également connu sous le nom de « saké trouble », est une variété particulière de saké qui se caractérise par son aspect blanc laiteux et sa texture plutôt grossière et non filtrée. Ce type de saké se démarque nettement des variétés claires et filtrées comme le Junmai ou le Daiginjo. Le saké Nigori est souvent perçu comme plus rustique et original en raison de son processus de production et offre une expérience de dégustation intense et riche qui est à la fois un point culminant gustatif et visuel. Sa consistance crémeuse et ses notes sucrées le rendent particulièrement apprécié des personnes qui préfèrent un saké corsé et buvable.

## Processus de fabrication et de filtration

La principale différence entre le saké Nigori et les autres types de saké réside dans le processus de filtration. Traditionnellement, après la fermentation, le saké est pressé à travers un tamis fin ou un filtre pour éliminer la pulpe de riz et autres solides. Cependant, avec le saké nigori, soit un filtrage plus grossier est utilisé, soit le saké est filtré moins fortement, laissant de petites particules de riz et des résidus de levure dans la boisson. Ce sont ces résidus non filtrés qui donnent au saké nigori son aspect trouble caractéristique et sa texture crémeuse.

La filtration joue un rôle crucial dans le profil aromatique du saké Nigori. Comme de nombreux composants solides restent dans le saké, il contient des saveurs plus intenses accompagnées d'une sensation en bouche pleine. La quantité de riz restant après la fermentation influence également la teneur en sucre du saké, ce qui donne une douceur naturelle qui distingue le saké Nigori des variétés plus sèches et filtrées.

Un autre aspect important est la façon dont le saké Nigori est servi. Étant donné que les solides se déposent au fond de la bouteille avec le temps, le saké nigori doit être secoué ou doucement agité avant de servir pour répartir uniformément les sédiments. Ce processus garantit que la consistance crémeuse et la saveur complète sont mises en valeur de manière optimale.

## Profil gustatif du saké Nigori

Le saké Nigori est connu pour son profil de saveur riche et corsé, qui est souvent plus doux et plus intense que les variétés de saké clairement filtrées. Les particules de riz non filtrées confèrent au saké une texture distinctive et contribuent à son goût unique. Typiquement, le saké nigori présente une note sucrée à légèrement sucrée, souvent associée à des saveurs de riz frais, de noix de coco ou de fruits tropicaux comme la banane, la mangue ou l'ananas.

1. Douceur et onctuosité : L'une des caractéristiques les plus distinctives du saké nigori est sa douceur naturelle. Cette douceur provient des particules de riz restant dans le saké, qui contiennent encore de l'amidon et du sucre. Associé à la texture crémeuse, le résultat est un goût doux, presque soyeux, qui se propage agréablement en bouche. Cependant, la douceur n'est pas écrasante, mais plutôt harmonieusement intégrée au profil global, faisant de Nigori Sake un saké buvable et facile à boire.

2. Saveurs fruitées et laiteuses : Le saké Nigori est souvent décrit comme plus fruité et plus « laiteux » que le saké clair. Les arômes vont des fruits tropicaux mûrs et du riz frais à de légères notes d'amande ou de noix de coco. Le goût du riz fermenté est particulièrement prononcé, avec une nuance légèrement noisetée et parfois vanillée. Cette combinaison de fruit et de lait confère au saké Nigori un caractère profond et complexe qui le distingue des autres variétés.

3. Corps et texture : Comparé aux variétés de saké clair, le saké Nigori a un corps sensiblement plus ample et une texture crémeuse, presque épaisse. Cette texture est le résultat des particules de riz et de levure non filtrées, qui confèrent à la

boisson une dimension unique non seulement visuellement mais aussi tactilement. L'expérience de dégustation est donc plus intense et plus satisfaisante, ce qui confère au saké Nigori une place particulière parmi les différents types de saké.

4. Légère acidité : Malgré sa douceur, le saké Nigori a souvent une légère acidité, qui assure l'équilibre et évite à la boisson de paraître trop lourde ou trop sucrée. Cette acidité apporte de la fraîcheur au goût et rend le saké Nigori plus agréable à boire, surtout lorsqu'il est associé à des saveurs riches.

**Températures de service et rituels de consommation**

Le saké Nigori est traditionnellement servi frais, mais il peut également être dégusté à température ambiante. Le refroidissement souligne la fraîcheur et le fruit du saké tout en conservant son caractère sucré et crémeux. Contrairement aux variétés de saké filtrées, le saké nigori est rarement chauffé car des températures élevées pourraient affecter sa complexité texturale et aromatique.

1. Frais (5-10°C) : La fraîcheur fruitée du Nigori Sake s'exprime particulièrement bien à des températures fraîches. La texture crémeuse est conservée tandis que les saveurs légères et sucrées émergent. L'expérience de dégustation est particulièrement rafraîchissante et savoureuse à cette température.

2. Température ambiante (20 °C) : A température ambiante, le saké Nigori devient légèrement plus doux et ses arômes se développent plus fortement. La douceur ressort encore plus clairement et la texture crémeuse apparaît encore plus riche. Certains connaisseurs préfèrent cette température pour ressentir tout le caractère intense du saké Nigori.

Le saké Nigori doit toujours être bien agité avant de servir afin de répartir uniformément les composants solides qui se déposent au fond de la bouteille. Ces résidus donnent au saké son trouble et sa texture caractéristiques, et sans eux, la saveur ne s'exprimerait pas pleinement.

**Différences et styles régionaux**

Bien que le saké Nigori soit généralement produit selon le même principe de filtration minimale, il existe des différences régionales qui se reflètent dans les nuances gustatives et la texture. Ces différences résultent des types de riz utilisés, de la température de fermentation, de la sélection des levures et de l'eau utilisée dans les différentes régions du Japon.

1. Région du Kansai (par exemple Osaka, Kyoto) : Le saké Nigori de la région du Kansai, en particulier d'Osaka et de Kyoto, a tendance à être légèrement plus léger et fruité, avec une douceur accentuée et une légère acidité. Ces sakés sont souvent très crémeux, presque veloutés en bouche et se caractérisent par des arômes de fruits prononcés.

2. Région du Tohoku : Dans la région du Tohoku, connue pour ses températures fraîches et l'utilisation d'une eau particulièrement douce, le saké nigori a souvent un goût légèrement plus sec et plus clair. Bien que le saké présente ici également le trouble caractéristique, les saveurs sont légèrement plus réservées et moins sucrées, ce qui donne un profil aromatique plus élégant et équilibré.

3. Kyushu : Le saké Nigori de Kyushu, la plus méridionale des principales îles du Japon, a tendance à être plus riche et plus intense. Ces sakés ont souvent une douceur plus forte et une sensation en bouche plus dense, ce qui les rend particulièrement riches et crémeux. Dans cette région, le saké Nigori

est souvent un peu plus rustique et rappelle des méthodes de production plus traditionnelles et originales.

**Mets et accords**

La texture riche et crémeuse ainsi que les notes sucrées et fruitées font du saké nigori un accompagnement polyvalent pour divers plats, notamment ceux aux saveurs audacieuses. Comme il est souvent plus sucré que les autres types de saké, il est idéal comme vin de dessert ou pour accompagner des plats épicés et épicés.

Plats épicés : Le saké Nigori s'accorde bien avec les plats chauds ou épicés, car sa douceur et son onctuosité équilibrent le piquant et assurent un équilibre harmonieux. Il s'accorde particulièrement bien avec les plats asiatiques qui contiennent du piment ou des sauces piquantes, comme les sushis épicés, le kimchi coréen ou le curry thaïlandais épicé.

Desserts sucrés : De par sa douceur naturelle, le saké Nigori accompagne également à merveille les desserts. Il s'accorde bien avec les desserts crémeux comme le pudding, le riz au lait ou les gâteaux à la noix de coco, mais aussi avec les salades de fruits ou les sorbets aux fruits tropicaux comme la mangue et l'ananas.

Fritures : Sa texture crémeuse et sa note légèrement sucrée font du saké nigori également un complément idéal aux aliments frits comme la tempura ou les fruits de mer frits. La douceur du S

**Saké Honjozo**

Le saké Honjozo est une variété dans laquelle une petite proportion d'alcool distillé est ajoutée lors du processus de brassage. Ceci est fait pour améliorer le profil de saveur et rendre les saveurs plus claires et plus vibrantes. Contrairement au saké Junmai, qui ne contient pas d'alcool ajouté, le saké Honjozo a souvent un profil aromatique plus léger et plus sec avec une complexité subtile.

L'ajout d'alcool donne au saké Honjozo une texture plus douce et le rend légèrement plus facile à boire. Le saké Honjozo est souvent recommandé comme saké d'entrée de gamme pour ceux qui découvrent le monde du saké, car son goût léger et accessible constitue une introduction agréable.

Le saké Honjozo est un type de saké traditionnel caractérisé par un ajout spécial d'alcool de haute pureté pendant le processus de brassage. Ce saké appartient à la catégorie des sakés « aromatisés » qui, contrairement au saké Junmai, qui utilise uniquement du riz, de l'eau, de la levure et du koji, reçoivent une saveur particulière grâce à l'ajout d'alcool distillé. Le saké Honjozo est connu pour sa facilité de consommation, ses saveurs subtiles et sa texture onctueuse, ce qui le rend attrayant aussi bien pour les débutants que pour les connaisseurs.

### Production et ajout d'alcool

La principale différence entre le saké Honjozo et le saké Junmai réside dans l'ajout d'alcool distillé à la fin du processsus de brassage. Il est important de souligner que cet alcool n'est pas un étirement bon marché du saké, mais qu'il est ajouté pour des raisons de saveur. L'alcool ajouté est généralement obtenu à partir de canne à sucre ou de riz et présente un degré de pureté élevé. Cette étape permet aux brasseurs de mettre en valeur des saveurs et des textures spécifiques sans trop diluer le saké ni compromettre sa qualité.

La quantité d'alcool ajoutée est strictement réglementée et ne peut être utilisée qu'en petites quantités. Cela maintient l'équilibre entre les saveurs naturelles du saké et les éléments rehaussés par l'alcool. L'alcool contribue à intensifier les saveurs de fruits et de fleurs et donne au saké Honjozo une note légère et sèche qui le distingue des autres types de saké.

## Profil aromatique et arômes

Le saké Honjozo est connu pour son profil aromatique léger, frais et équilibré. L'ajout d'alcool a tendance à rendre le saké un peu plus sec et plus maigre, tout en accentuant les saveurs du riz et des fruits. Ce style le rend particulièrement polyvalent et agréable à boire.

1. Notes fruitées et florales légères : Le saké Honjozo se caractérise souvent par des notes fruitées et florales subtiles mais subtiles. Ces saveurs ne sont pas aussi intenses que celles du Daiginjo ou du Ginjo, mais restent néanmoins Clairement reconnaissables. Les saveurs typiques incluent la pomme, la poire, les fleurs blanches ou les agrumes légers. Ces arômes apportent une fraîcheur agréable sans que le saké paraisse trop complexe ou trop lourd.

2. Finale sèche et croustillante : L'une des caractéristiques du saké Honjozo est sa finale sèche et croustillante. L'alcool ajouté contribue à rendre le saké plus léger en bouche et moins visqueux, ce qui en fait un choix idéal pour ceux qui préfèrent le saké avec une finale nette et fraîche. Cette sécheresse en fait également un accompagnement apprécié de divers plats, car elle rafraîchit le palais et ne l'accable pas.

3. Corps léger et acidité douce : Le saké Honjozo a tendance à être plus léger que les autres variétés de saké telles que le Junmai ou le Daiginjo, ce qui le rend particulièrement

accessible. Son acidité est douce et équilibrée, ce qui rend le saké agréable à boire sans être trop lourd ni trop saturant. Cette légèreté le rend idéal pour des périodes de consommation prolongées ou pour accompagner des repas légers.

4. Texture soyeuse : Malgré sa légèreté en saveur, le saké Honjozo conserve une texture agréable et soyeuse qui rend l'expérience de consommation complète et satisfaisante. La texture onctueuse de ce saké lui permet de glisser facilement sur le palais sans perdre ses saveurs.

### Températures de service et rituels de consommation

Le saké Honjozo est l'un des types de saké les plus polyvalents en termes de température de service. Il peut être bu tiède ou froid, et chaque température fait ressortir différents aspects de son profil aromatique. Cela le rend particulièrement flexible et attrayant pour de nombreuses occasions de boire.

1. Réfrigéré (5-10 °C) : Les fines saveurs fruitées du saké Honjozo prennent tout leur sens à des températures plus fraîches. La fraîcheur souligne la fraîcheur et la finale claire et sèche, ce qui rend le saké particulièrement rafraîchissant. Il s'agit d'une température préférée pour ceux qui recherchent une expérience de boisson légère et vivante, en particulier les jours les plus chauds ou pour accompagner des plats plus légers tels que des sushis, des salades ou des fruits de mer.

2. Température ambiante (20 °C) : À température ambiante, le saké Honjozo devient plus doux et plus rond en goût. Les arômes de fruits sont moins intenses, mais le saké apparaît globalement plus harmonieux et complexe. Cette temperature convient bien aux connaisseurs qui souhaitent déguster

le saké pur et sans trop de réfrigération afin d'explorer l'équilibre subtil entre le riz, l'alcool et les arômes.

3. Chaud (40-50°C) : Une autre caractéristique distinctive du saké Honjozo est sa capacité à être servi chaud, un style connu sous le nom de « kanzake » au Japon. Lorsqu'il est chauffé, la texture du saké ressort et le goût devient plus doux, plus rond et légèrement plus sucré. Dans le même temps, le saké perd un peu de sa fraîcheur à cause de la chaleur, mais devient plus riche et plus onctueux. Cela fait du saké Honjozo chaud un excellent choix pour les mois les plus frais ou pour accompagner des plats salés tels que des viandes grillées, des ragoûts ou des tempura.

## Différences et styles régionaux

Comme pour les autres types de saké, il existe des différences régionales dans le saké Honjozo, qui sont influencées par les traditions brassicoles spécifiques, l'eau et le climat de chaque région. Ces différences se traduisent par de subtiles variations de saveurs très appréciées des connaisseurs.

1. Niigata : Connue pour ses sakés secs et clairs, la région de Niigata produit des sakés Honjozo, qui sont généralement très secs et légers en saveur. Ces sakés sont parfaitement équilibrés et présentent une texture nette et nette et une finale croustillante. A Niigata, les eaux douces de la région sont un facteur important de l'élégance et de la délicatesse du saké.

2. Hyogo (Nada) : Hyogo est l'une des régions de saké les plus célèbres du Japon et est particulièrement célèbre pour la production de sakés Honjozo de la plus haute qualité. Les sakés Honjozo de Hyogo sont souvent légèrement plus forts et plus corsés, ce qui est dû à l'eau plus dure de la région. Ces

sakés ont une profondeur saisissante tout en restant faciles à boire, ce qui les rend particulièrement polyvalents.

3. Fukushima : Dans la région de Fukushima, connue pour ses sakés doux et légèrement fruités, les sakés Honjozo sont souvent brassés avec des saveurs légèrement plus fruitées. Ces sakés sont plus doux et ronds en goût, avec de subtiles notes de pomme, de poire ou d'agrumes, ce qui les rend particulièrement accessibles et appréciés d'un large public.

**Mets et accords**

Le saké Honjozo accompagne idéalement une variété d'aliments en raison de son profil léger et sec et de sa polyvalence. Il se marie particulièrement bien avec des plats plus légers et plus subtils car il nettoie le palais sans dominer les saveurs des aliments.

1. Viandes et poissons grillés : La finale sèche et légèrement alcoolisée du saké Honjozo se marie bien avec les viandes ou poissons grillés. Il permet de neutraliser les arômes gras ou fumés et apporte de la fraîcheur au repas. Il s'accorde particulièrement bien avec les yakitori (brochettes de poulet grillées) ou le saumon grillé.

2. Tempura et aliments frits : La légère acidité et la finale sèche du saké Honjozo en font un excellent choix pour les plats frits comme le tempura. Le saké coupe le gras des aliments frits et veille à ce que le palais ne soit pas submergé par la lourdeur des aliments.

3. Sushi et Sashimi : Le saké Honjozo est également un compagnon idéal des sushis et sashimis, car il ne masque pas les saveurs fraîches et subtiles du poisson cru, mais le soutient plutôt. Son léger fruité et sa douce acidité complètent

parfaitement le poisson et assurent une combinaison harmonieuse de saveurs.

4. Entrées légères : Le saké Honjozo est également un excellent choix pour les entrées légères comme les plats de tofu, les salades ou les légumes marinés. La clarté du saké souligne la fraîcheur des ingrédients et assure une expérience gustative complète et harmonieuse.

**Saké Futsushu**

Le Futsushu est la version « vin de table » du saké et constitue la majorité du saké produit au Japon. Il est fabriqué à partir de riz moins poli et contient souvent des additifs tels que de l'alcool distillé et des arômes pour rehausser la saveur. Le Futsushu est plus abordable et a un profil de saveur plus simple par rapport aux variétés de meilleure qualité telles que le Ginjo ou le Daiginjo.

Le goût du futsushu peut varier considérablement, de léger et frais à fort et terreux. C'est un saké souvent produit en plus grande quantité et bien adapté à la consommation quotidienne. En raison de son accessibilité et de son prix abordable, le futsushu est le choix le plus populaire dans de nombreux foyers et restaurants japonais.

Le saké Futsushu est une catégorie de saké souvent appelée « saké de tous les jours » et représente la majorité de la production de saké au Japon. Il est considéré comme le « vin de table » parmi les variétés de saké et diffère des variétés haut de gamme telles que le Junmai ou le Ginjo dans la mesure où des critères moins stricts s'appliquent à sa production. Futsushu offre une option accessible et abordable pour le plaisir quotidien sans sacrifier les méthodes de brassage traditionnelles. Malgré sa nature souvent plus simple, le futsushu peut être assez complexe et savoureux, selon les ingrédients utilisés et la qualité du brassage.

**Production et ingrédients**

Le Futsushu est classé comme « saké de table » ou « saké ordinaire », ce qui le distingue du « Tokutei Meishoshu » (catégories de saké haut de gamme). La principale différence réside dans la réglementation relative au polissage du riz et dans les additifs autorisés pendant la production. Alors que dans le saké de qualité supérieure, le riz est souvent fortement poli de sorte que seul le noyau interne du grain de riz soit utilisé, à Futsushu, le riz n'est que peu poli, parfois jusqu'à 90 % du grain d'origine. Cela signifie qu'une plus grande partie des couches externes du grain de riz sont retenues dans le saké, ce qui peut donner une saveur terreuse et audacieuse.

Une autre particularité du Futsushu est l'ajout autorisé d'alcool distillé, de sucre et de régulateurs d'acidité. Ces additifs sont utilisés pour rehausser le goût, améliorer la consistance ou prolonger la durée de vie du saké. Cependant, l'alcool ajouté peut également contribuer à rendre le saké plus facile à boire en éclaircissant les saveurs et en rendant le saké moins visqueux. Cependant, il est important de souligner que l'ajout d'alcool et d'autres substances n'est pas nécessairement un signe de qualité inférieure : il sert souvent à améliorer la buvabilité et à adapter le goût à un public plus large.

**Profil aromatique et arômes**

Le profil aromatique du saké Futsushu peut varier considérablement en fonction du style de brassage et des ingrédients utilisés, mais en général, il est connu pour son caractère rustique et audacieux. Le Futsushu est souvent moins complexe que le saké haut de gamme, mais cela le rend également plus accessible et constitue un choix populaire pour les occasions quotidiennes et les repas simples.

1. Notes de riz fortes : En raison de la nature moins polie du riz, le saké futsushu conserve souvent davantage la saveur des couches externes du grain de riz. Cela donne au saké une note de riz plus forte et plus terreuse, souvent décrite comme « rustique » ou « savoureuse ». Il n'est pas rare que le saké Futsushu ait un certain grain et une certaine richesse dans sa saveur, ce qui le distingue des sakés haut de gamme plus légers et plus fruités.

2. Goût légèrement alcoolisé : Le futsushu étant souvent enrichi d'alcool distillé, il peut avoir un goût légèrement alcoolisé, ce qui le fait paraître légèrement plus fort et « plus dur » que le saké premium. Cependant, cet ajout d'alcool contribue également à rendre le saké plus stable et à rehausser les saveurs, ce qui est particulièrement bénéfique avec les variétés plus simples.

3. Large gamme de douceur et d'acidité : Le goût du futsushu peut varier de sec à légèrement sucré selon la façon dont il a été fabriqué. Certains types de futsushu ont une légère douceur renforcée par le sucre ajouté, tandis que d'autres sont plus acidulés et rafraîchissants. Cette variabilité fait de Futsushu un choix flexible pour différents palais et occasions.

4. Structure aromatique plus simple : Comparé au saké haut de gamme, le Futsushu a souvent une structure aromatique moins nuancée. Les arômes typiques incluent le riz, de légères notes fruitées comme le melon ou la poire et des nuances florales occasionnelles, mais celles-ci sont généralement moins prononcées que dans les types de saké de haute qualité. Au

lieu de cela, Futsushu se concentre sur une buvabilité robuste et facile.

## Flexibilité dans les températures de service

L'une des plus grandes forces du saké Futsushu est sa polyvalence en termes de température de service. Parce qu'il n'est pas aussi délicat que le saké haut de gamme, le Futsushu peut être servi aussi bien froid, à température ambiante, que tiède, selon les préférences du buveur et la saison.

1. Froid (5-10°C) : Frais, le Futsushu met en valeur ses saveurs fraîches et nettes tout en atténuant le goût alcoolique perceptible. C'est une façon populaire de profiter du futsushu, surtout pendant les mois d'été, car il est rafraîchissant. À des températures plus fraîches, les saveurs fruitées plus simples prennent tout leur sens, tandis que les fortes notes de riz sont quelque peu atténuées.

2. Température ambiante (20°C) : À température ambiante, Futsushu développe toutes ses saveurs et offre une expérience de dégustation équilibrée. La saveur du riz devient plus prononcée et la texture du saké devient plus veloutée et douce. C'est une bonne option pour ceux qui souhaitent découvrir le caractère rustique de Futsushu dans toute sa plénitude.

3. Chaud (40-50°C) : Le Futsushu servi chaud, également connu sous le nom de kanzake, est particulièrement apprécié pendant les mois les plus froids. En chauffant, le goût du saké devient plus doux et plus rond, tandis que le taux d'alcool est perçu comme moins intense. Le Futsushu servi chaud peut également souligner le caractère légèrement sucré et offre une option de boisson apaisante et apaisante, notamment avec des plats salés tels que les ragoûts, la viande grillée ou la tempura.

### Différences régionales et méthodes de production

Bien que le Futsushu soit généralement considéré comme la catégorie « saké standard », il existe des différences significatives en termes de production et de saveur selon les régions du Japon. Ces variations régionales résultent de facteurs tels que l'eau utilisée, le type de riz, la tradition locale et la méthode de brassage.

1. Hyogo (Nada) : Hyogo, en particulier la région de Nada, est connue pour sa production de saké et propose certaines des variétés de Futsushu les plus célèbres. De l'eau dure est utilisée ici, ce qui rend le saké plus fort et plus minéral. Le Futsushu de cette région est souvent un peu amer et possède une note de riz prononcée, ce qui le rend particulièrement robuste et riche.

2. Niigata À Niigata, région connue pour son saké clair et sec, Futsushu est également majoritairement sec et léger. De l'eau douce est utilisée ici, donnant au saké une texture plus douce et un goût plus pur. Le Futsushu de Niigata est souvent élégant et bien équilibré, malgré sa catégorie plus simple.

3. Kyushu : Sur l'île méridionale de Kyushu, le Futsushu a tendance à être un peu plus sucré et plus doux. Cela est dû à la préférence traditionnelle pour des profils de saveurs plus riches et plus sucrés dans cette région. Le Kyushu-Futsushu est souvent agréable à boire et offre des arômes fruités légèrement floraux.

### Mets et accords

La nature rustique mais accessible du saké Futsushu le rend idéal pour une variété d'aliments, en particulier les plats salés et copieux. Il est souvent considéré comme un « saké de compagnie » car il se marie bien avec les repas de tous les jours et est moins susceptible de dominer les saveurs des aliments.

1. Cuisine maison : Le Futsushu est parfait pour la cuisine japonaise simple comme le filet de poisson grillé, la soupe miso, le poulet grillé ou les légumes frits. Sa structure forte et simple s'harmonise bien avec les saveurs plus subtiles mais copieuses de ces plats.

2. Plats frits : De par son caractère légèrement alcoolisé et ses notes souvent fortes de riz, le Futsushu s'accorde bien avec les plats frits comme le tempura, le karaage (poulet frit japonais) ou le tonkatsu (escalope de porc). Le saké aide à équilibrer les saveurs grasses des aliments frits et offre une expérience de dégustation rafraîchissante.

3. Ragoûts et soupes : Le futsushu chaud est un excellent accompagnement pour les ragoûts japonais copieux comme le sukiyaki ou l'oden. Les saveurs audacieuses du saké complètent les saveurs intenses, de viande ou de poisson de ces plats, tandis que la chaleur de la boisson crée une combinaison harmonieuse avec les propriétés réchauffantes des ragoûts.

Le saké Futsushu n'a peut-être pas la réputation sophistiquée d'un saké haut de gamme, mais son accessibilité, sa polyvalence et sa robustesse en font un excellent choix pour un usage quotidien. Il offre une large gamme de saveurs qui varient selon les brasseries et les régions, et sa capacité à se déguster à différentes températures le rend particulièrement flexible. En tant que compagnon des plats copieux du quotidien, Futsushu montre sa force en combinant un plaisir simple avec une expérience authentique du saké.

### Saké Genshu*

Genshu est un saké non dilué qui n'est pas dilué avec de l'eau après fermentation pour réduire la teneur en alcool. En conséquence, le Genshu a souvent une teneur en alcool plus élevée (environ 18-20 %) et un goût plus intense. Il est apprécié pour sa présence puissante et ses arômes prononcés, rappelant souvent les fruits mûrs ou les noix.

Le saké Genshu est souvent dégusté en plus petites quantités car sa teneur en alcool plus élevée a un effet plus fort. La saveur peut être complexe et étagée, ce qui en fait un choix populaire pour les connaisseurs de saké à la recherche d'un saké plus riche et plus corsé.

Le saké Genshu est un type particulier de saké qui se caractérise par sa production et son profil gustatif authentique. Le terme « Genshu » signifie littéralement « non coupé » ou « non dilué » et fait référence au fait que ce saké est mis en bouteille sans dilution d'eau. En règle générale, le saké est dilué à une teneur en alcool d'environ 15 à 16 % après le processus de brassage pour obtenir la saveur et la teneur en alcool souhaitées. Le Genshu, quant à lui, conserve sa teneur naturelle en alcool d'environ 18 à 20 %, ce qui le rend plus fort et plus intense en goût.

### Production et pas de dilution

La principale différence dans la production du saké Genshu est qu'aucune eau n'est ajoutée après la fermentation. Ce processus est couramment effectué pour réduire la teneur en alcool et rendre le saké plus doux et plus facile à boire. Avec Genshu, cependant, le saké reste dans sa force originelle. Cela signifie que les maîtres brasseurs doivent contrôler le processus de fermentation de manière particulièrement précise pour garantir un rapport équilibré entre le goût et l'alcool sans que le saké paraisse trop « piquant » ou déséquilibré.

Genshu peut être produit dans diverses catégories, notamment Junmai, Ginjo et Daiginjo, ce qui signifie qu'il est également disponible dans des variantes non diluées dans ces catégories premium. Le caractère inchangé du saké fait de Genshu un choix idéal pour ceux qui recherchent un saké plus fort et plus intense.

**Profil aromatique : Intense et complexe**

Le Genshu n'étant pas dilué avec de l'eau, il se caractérise par un profil aromatique particulièrement intense. La teneur en alcool plus élevée et l'absence de dilution rehaussent les arômes naturels du saké, rendant les saveurs plus claires et plus prononcées.

1. Forte teneur en alcool : la teneur en alcool du Genshu est d'environ 18 à 20 %, ce qui le rend nettement plus fort que les sakés traditionnels. Cela lui confère une certaine chaleur et intensité qui stimule davantage le palais. Le taux d'alcool confère également au saké une texture légèrement grasse, particulièrement perceptible en bouche lors de la dégustation.

2. Saveurs riches : Le fait qu'il soit non dilué rehausse les saveurs naturelles du saké, qu'il s'agisse de notes fruitées, florales ou épicées. Les nuances du riz, de la levure et des fruits deviennent plus apparentes, faisant du saké une expérience complexe et profonde. Le Genshu peut avoir des notes fruitées intenses comme la poire mûre, la pomme ou les fruits tropicaux, combinées à une légère douceur et un fort umami.

3. Corsé : Comme aucune eau n'est ajoutée, le saké conserve sa consistance naturelle et dense. Le Genshu a souvent un

corps plus ample et plus lourd que le saké dilué. Cette densité confère au saké une structure qui persiste plus longtemps sur la langue et offre une expérience gustative riche et durable.

4. Équilibre entre douceur et acidité : Le Genshu a souvent un équilibre acidité-douceur plus prononcé car les sucres naturels et les acides issus de la fermentation sont plus concentrés. Cela en fait un saké particulièrement excitant car il offre une variété de niveaux de saveurs qui se dévoilent à chaque dégustation.

**Différentes températures de service et leurs effets**

Malgré sa forte teneur en alcool, le Genshu, comme les autres types de saké, peut être servi de différentes manières. Le choix de la température de service a un impact significatif sur l'expérience gustative.

1. Réfrigéré (5-10°C) : Le Genshu réfrigéré offre une expérience de consommation rafraîchissante tout en atténuant la teneur intense en alcool. C'est un excellent choix pour mettre en valeur les saveurs fruitées et florales tandis que le saké a un effet rafraîchissant en bouche. La douceur devient plus prononcée tandis que le piquant de l'alcool s'atténue.

2. Température ambiante (20 °C) : La plénitude et la profondeur du Genshu prennent tout leur sens à température ambiante. Les arômes sont ici les plus équilibrés et le saké développe pleinement son caractère complexe. La texture chaleureuse du saké, alliée à l'intensité des arômes, offre une expérience gustative riche et intense.

3. Réchauffé (40-50°C) : Bien que le genshu soit moins souvent chauffé en raison de sa forte teneur en alcool, il peut toujours être servi chaud pour rehausser les saveurs plus chaleureuses

et axées sur l'umami. Le Genshu chauffé a tendance à devenir plus doux et plus rond, l'alcool apparaissant plus doux et la douceur plus prononcée. Cette variante est particulièrement adaptée pendant les mois les plus froids ou avec des plats plus forts.

## Combinaisons avec la nourriture : Partenaire intense

Grâce à son profil intense et complexe, le Genshu Sake accompagne parfaitement les plats forts et savoureux. Sa teneur élevée en alcool et ses saveurs profondes le rendent idéal pour les plats qui ont également une saveur forte et complètent la complexité du saké.

1. Plats de viande : Le Genshu se marie particulièrement bien avec les viandes grillées comme le bœuf ou le porc, car son ampleur et son acidité plus élevée équilibrent le gras et l'intensité des plats. L'interaction des saveurs savoureuses de la viande et des riches saveurs du Genshu crée une combinaison harmonieuse.

2. Plats copieux : Des plats tels que le sukiyaki, le yakiniku ou le tempura bénéficient de la forte structure et de la forte teneur en alcool du genshu. Le saké soutient les saveurs intenses, viandées ou frites et nettoie le palais entre les bouchées.

3. Fromage et aliments riches en umami : Genshu est également un bon compagnon du fromage et d'autres aliments riches en umami comme les plats à base de miso ou les légumes fermentés. Les saveurs intenses du saké s'harmonisent bien avec le crémeux et le goût salé du fromage, offrant une expérience culinaire passionnante.

4. Cuisine épicée : La texture audacieuse et la teneur élevée en alcool du Genshu en font également un choix étonnamment

bon pour les plats épicés, qu'il s'agisse de plats japonais avec une touche épicée ou d'une cuisine internationale comme les plats thaïlandais ou indiens. Le saké tempère le piquant tout en rehaussant les saveurs des épices.

**Différences régionales et variantes spéciales de Genshu**

Comme pour de nombreuses catégories de saké, le Genshu présente des différences régionales influencées par l'eau locale, le riz et les méthodes de brassage. Dans certaines régions, Genshu se concentre particulièrement sur les saveurs fortes et terreuses du riz, tandis que dans d'autres, l'accent est davantage mis sur la fraîcheur et le fruit. Il existe également certaines brasseries qui produisent des types spécialisés de Genshu, comme le Genshu avec un temps de fermentation particulièrement long ou le Genshu millésimé spécial qui peuvent mûrir davantage et développer ainsi des profils aromatiques encore plus intenses.

Le saké Genshu est une catégorie fascinante pour les amateurs de saké à la recherche d'une expérience gustative non diluée, audacieuse et intense. En évitant la dilution, la teneur naturelle en alcool du saké reste plus élevée, lui conférant sa plénitude et sa complexité caractéristiques. Genshu offre un spectre complexe de saveurs, allant des arômes de fruits intenses aux notes profondes de riz, et constitue un plaisir exceptionnel aussi bien frais qu'à température ambiante.

Sa polyvalence en association avec des aliments forts, associée à son profil aromatique particulier, en fait un excellent choix pour les occasions spéciales ou pour les connaisseurs qui préfèrent un saké plus intense.

Le saké est une boisson polyvalente et aux multiples facettes, proposée dans une variété de variétés et de styles qui diffèrent par leur production, leur goût, leur arôme et leur méthode de consommation. Cette diversité rend le saké attrayant non seulement pour les occasions et plats tradetionnels japonais, mais également pour un public international à la recherche de nouvelles expériences culinaires. Chaque type de saké a ses propres caractéristiques qui le rendent unique et sa flexibilité lui permet d'offrir un large éventail d'utilisations possibles - des boissons nobles et complexes pour les gourmets aux compagnons simples du quotidien.

Le saké Junmai, fabriqué sans ajout d'alcool distillé, se caractérise par sa pureté et ses profils aromatiques équilibrés. Junmai met l'accent sur les saveurs naturelles du riz et de l'eau, créant souvent une saveur plus audacieuse et plus terreuse. Ce saké est très polyvalent et s'accorde avec de nombreux plats, des plats salés aux plats légers de poisson. Le saké Junmai peut être dégusté à différentes températures, les saveurs ressortant particulièrement bien à température ambiante et légèrement réchauffées.

Le saké Ginjo est fabriqué à partir de riz poli à au moins 40 %, ce qui lui confère une saveur plus élégante et complexe. Avec des notes fruitées et florales, renforcées par le processus de brassage spécial, le Ginjo est particulièrement adapté à la dégustation par temps frais. Il s'accorde bien avec des plats plus légers comme les sushis, les sashimis et les légumes, mais constitue également un agréable apéritif. Grâce à ses arômes doux et frais, Ginjo est un choix harmonieux pour les occasions spéciales.

Le saké Daiginjo représente le plus haut niveau de sophistication dans le processus de brassage du saké. Avec un niveau de polissage d'au moins 50 %, le Daiginjo a un profil aromatique très délicat et délicat, combinant souvent des notes fruitées et florales avec une texture soyeuse. Cette variété est de préférence servie fraîche pour préserver et rehausser les saveurs délicates. Le Daiginjo se marie parfaitement avec des plats légers et élégants qui ne dominent pas les nuances subtiles du saké, comme les fruits de mer ou les plats aux saveurs douces.

Le saké Nigori, un saké non filtré, se distingue par sa texture trouble et laiteuse et ses saveurs souvent plus sucrées. Les particules de riz restantes rendent le saké Nigori plus fort et ont une consistance plus riche. Ce cépage est particulièrement adapté comme vin de dessert ou en association avec des plats chauds ou épicés, car la douceur tempère le piquant. Le Nigori peut être servi frais et, grâce à sa texture et sa douceur particulières, offre une expérience unique et charmante par rapport aux variétés de saké clair.

Le saké Honjozo est fabriqué en ajoutant de l'alcool distillé pendant le processus de brassage, ce qui donne une texture plus légère et plus douce. Il a un goût plus clair et plus sec que le Junmai, ce qui le rend idéal pour le déguster à température ambiante ou légèrement réchauffé. Le Honjozo se marie bien avec une variété d'aliments, des viandes grillées aux plats frits, car il équilibre les saveurs et nettoie le palais.

Le Futsushu, souvent appelé « saké de table », est la catégorie de saké la plus courante. Cette variété est moins strictement réglementée en termes de niveau de polissage du riz et de processus de fabrication, ce qui la rend abordable et accessible. Le Futsushu a une saveur plus robuste et plus simple, ce qui en fait une excellente boisson de tous les jours à la maison ou dans un izakaya. Il se prête bien à une variété de températures de service et peut être dégusté avec presque tous les types de repas.

Le saké Genshu, mis en bouteille sans dilution, se caractérise par sa forte teneur en alcool et son intensité. Cette version non diluée a souvent une teneur en alcool de 18 à 20 %, ce qui la rend plus puissante et plus corsée. Le Genshu est riche en saveurs, du fruité à l'épicé, et convient particulièrement aux plats audacieux comme les viandes grillées ou les plats épicés. Il peut être dégusté frais, à température ambiante ou légèrement réchauffé, selon les saveurs que vous souhaitez mettre en valeur.

Le saké n'est pas seulement une boisson, mais un monde de styles différents pour tous les goûts et toutes les occasions. Qu'il s'agisse d'une boisson légère et fruitée comme le Ginjo, idéale à l'apéritif, ou d'un Genshu fort et non dilué pour les repas salés, la gamme de sakés est large.

L'un des plus grands atouts du saké est sa polyvalence en matière de températures de service. Certains types de saké révèlent leur fraîcheur et leur élégance lorsqu'ils sont refroidis, tandis que d'autres, comme le Junmai ou le Futsushu, révèlent leur profondeur et leur chaleur à température ambiante ou réchauffés. Cela vous permet de vous adapter à la saison, au plat ou à vos goûts personnels.

Le saké ne se limite pas à la cuisine japonaise. Ses saveurs et textures polyvalentes en font un accompagnement parfait aux plats internationaux, du fromage aux viandes grillées en passant par les plats épicés. Cela étend les utilisations du saké bien au-delà des limites des plats traditionnels japonais.

Que ce soit à l'apéritif, en accompagnement d'un repas de fête ou comme vin de dessert, le saké peut être dégusté de diverses manières. Les variétés légères et fruitées conviennent aux soirées détendues, tandis que les sakés plus forts comme le Genshu ou le Honjozo peuvent être servis lors d'occasions spéciales.

Les différentes méthodes de production et degrés de polissage du riz garantissent que le saké peut aller du sec et acidulé au sucré et fruité. Cela ouvre une vaste gamme de profils de saveurs qui rendent chaque type de saké unique et mérite d'être expérimenté.

La polyvalence des variétés de saké fait de cette boisson une option fascinante pour les connaisseurs et les gourmets du monde entier. Du Daiginjo élégant et sophistiqué au Genshu puissant et intense, chaque variété apporte ses propres caractéristiques particulières. Cette diversité permet de déguster le saké dans différents contextes, avec différents aliments et à températures variables, ce qui en fait une boisson extrêmement flexible et passionnante. Que vous serviez du saké avec un repas japonais ou avec une cuisine internationale, sa polyvalence garantit toujours des expériences gustatives nouvelles et passionnantes.

### Saké pétillant

Le saké pétillant est une boisson alcoolisée pétillante originaire du Japon qui contient un acide carbonique fin, semblable au vin mousseux ou au champagne. Contrairement au saké traditionnel, qui est créé par la fermentation du riz poli sans carbonatation, le Sparkling Sake est gazéifié par une seconde fermentation en bouteille ou par ajout de dioxyde de carbone.

## Profil aromatique : fruité et léger

Le saké pétillant est généralement plus léger et a une teneur en alcool plus faible (environ 5 à 7 %) que le saké conventionnel. Son goût est généralement fruité et légèrement sucré, ce qui le rend particulièrement apprécié des personnes à la recherche d'une expérience gustative douce et piquante. De par sa note fraîche et acidulée, le Sparkling Sake est idéal à l'apéritif ou avec des plats légers comme les sushis et les fruits de mer.

Le profil aromatique du saké pétillant japonais est généralement léger, frais et agréablement sucré. On retrouve souvent des arômes fruités comme la pomme, la poire, le melon ou les agrumes, qui lui confèrent un bouquet vif et rafraîchissant. Contrairement au saké classique, le Sparkling Sake a une texture acidulée due au dioxyde de carbone, ce qui rend l'expérience gustative particulièrement vivante.

La teneur en alcool est généralement plus faible, ce qui rend la boisson plus accessible et moins intense en goût. Ces propriétés rendent le Saké Pétillant particulièrement adapté à l'apéritif ou en accompagnement de plats légers et frais.

## Températures de service :

Le saké pétillant japonais se déguste de préférence bien frais, à une température d'environ 5 à 10°C. Cela rehausse ses arômes frais et fruités et rend le dioxyde de carbone particulièrement fin et acidulé. Semblable au vin mousseux ou au champagne, il est recommandé de servir le Sparkling Sake dans une coupe à champagne ou un petit bol à saké fin afin de conserver le dioxyde de carbone plus longtemps et de faire ressortir au mieux l'arôme. Des températures trop chaudes pourraient diluer le goût et réduire la fraîcheur picotante.

**Combinaisons avec de la nourriture :**

Le saké pétillant japonais se marie bien avec une variété d'aliments, en particulier ceux aux saveurs délicates et légères. Il est idéal pour :

Sushi et Sashimi : La fraîcheur du Sparkling Sake complète l'arôme délicat du poisson et des fruits de mer crus.

Tempura : La carbonatation piquante aide à équilibrer le léger gras du tempura frit et assure une expérience gustative équilibrée.

Salades fraîches et plats de légumes : La légère douceur et l'arôme fruité s'harmonisent bien avec les légumes croquants et les vinaigrettes fraîches et discrètes.

Fruits et Desserts : Le Saké Pétillant s'accorde également bien avec les desserts fruités comme la salade de fruits, le sorbet ou le mochi, rehaussant leur douceur de manière subtile.

Plats légers de poisson et fruits de mer : Il accompagne à merveille les poissons grillés, les coquilles Saint-Jacques et les crevettes, car la carbonatation rehausse la saveur de la mer sans la dominer.

La polyvalence du Sparkling Sake en fait un compagnon idéal pour des plats fins et légers qui mettent en valeur sa fraîcheur et sa vivacité.

Le saké pétillant japonais est une variante rafraîchissante et pétillante du saké traditionnel qui offre une expérience gustative polyvalente avec ses arômes fruités et sa légère teneur en alcool. Sa texture acidulée et sa douceur agréable en font un choix idéal à l'apéritif ou en accompagnement de plats légers comme les sushis, les tempura ou les desserts. Le

Sparkling Sake allie la sophistication du brassage japonais à la légèreté d'un vin mousseux et séduit aussi bien les amateurs de saké que les nouveaux arrivants.

Avec ses différentes variétés, le saké offre une polyvalence impressionnante qui ravit aussi bien les connaisseurs que les nouveaux venus. Des variétés sèches et complexes comme le Junmai aux types fruités et plus légers comme le Ginjo ou le Sparkling Sake pétillant, le saké couvre un large éventail de saveurs et de styles. Chaque variété apporte ses propres saveurs et textures qui s'accordent parfaitement avec différents plats, qu'il s'agisse de sushis, de viandes grillées ou même de desserts. Cette diversité fait du saké une boisson passionnante qui peut être adaptée de manière flexible à diverses occasions culinaires.

# L'art du brassage du saké : artisanat et tradition

Le brassage du saké, connu au Japon sous le nom de Seishu-Zukuri, est un artisanat vieux de plusieurs siècles profondément enraciné dans la culture et la tradition japonaises. L'art de brasser le saké implique non seulement la production d'une boisson alcoolisée, mais aussi la combinaison harmonieuse de la nature, de l'histoire et du savoir-faire humain. Le brassage du saké nécessite un processus soigneusement élaboré qui a évolué au fil des millénaires, ainsi qu'une connaissance approfondie des matières premières, en particulier le riz, l'eau et la culture de fermentation du koji. Cet artisanat reflète la philosophie de précision, de patience et de dévouement qui est au cœur de l'artisanat japonais.

## Origine et histoire du brassage du saké

L'histoire du brassage du saké est un voyage fascinant à travers des millénaires, étroitement lié au développement culturel et social du Japon. Le saké, également connu sous le nom de Nihonshu, est bien plus qu'une simple boisson alcoolisée : c'est un symbole de tradition, de savoir-faire et d'innovation japonais. Pour comprendre les origines et l'évolution de cette boisson unique, nous devons plonger profondément dans le passé et considérer les différentes influences et facteurs qui ont façonné sa création et son raffinement.

Les débuts du brassage du saké remontent à la période Jomon, qui a duré environ 14 000 avant JC. à 300 avant JC est daté. Durant cette période préhistorique au Japon, les gens ont commencé à cultiver et à transformer le riz. Des découvertes archéologiques indiquent que des formes simples de fermentation du riz étaient déjà pratiquées à l'époque. Ces premières expériences peuvent être considérées comme des précurseurs du bien d'aujourd'hui, même si elles étaient encore très éloignées de ce que l'on entend aujourd'hui par ce terme.

La véritable percée dans la production de saké s'est produite avec l'introduction de la culture du riz humide pendant la période Yayoi (300 avant JC - 300 après JC). Cette innovation agricole a permis une production de riz nettement plus élevée et a ainsi jeté les bases d'une production plus systématique et plus étendue de boissons à base de riz fermenté. C'est à cette époque que se sont développées les premières méthodes de brassage primitives, qui peuvent être considérées comme un précurseur du brassage du saké actuel.

Un moment charnière dans l'histoire du saké a été la découverte de la moisissure koji (Aspergillus oryzae) et de sa capacité à transformer l'amidon en sucre. Ce processus, appelé saccharification, est crucial pour convertir l'amidon de riz en sucres fermentescibles. L'époque exacte de cette découverte est incertaine, mais on pense qu'elle a eu lieu au cours de la période Nara (710-794 après JC). Cette découverte a révolutionné la production de saké, permettant la production de boissons avec une teneur en alcool plus élevée et des profils aromatiques plus complexes.

Durant la période Nara, le saké devint de plus en plus un élément important des cérémonies religieuses et des rituels courtois. La cour impériale a même créé son propre bureau chargé des affaires du saké, le Sake no Tsukasa, soulignant l'importance croissante de cette boisson dans la société japonaise. Durant cette période, les temples bouddhistes et les sanctuaires shinto commencèrent également à jouer un rôle important dans la production du saké. Les moines et les prêtres perfectionnèrent les techniques de brassage et contribuèrent de manière significative à l'amélioration de la qualité.

La période Heian (794-1185) voit l'art du brassage du saké se perfectionner davantage. Durant cette période, considérée comme l'âge d'or de la culture japonaise, le saké devient partie intégrante de l'étiquette et de la littérature de la cour. De nombreuses œuvres célèbres de cette période, comme le « Genji Monogatari » (Le Conte du prince Genji), contiennent des références au saké et à son rôle dans la société aristocratique. L'utilisation du saké dans les rituels religieux et com-me offrande aux dieux a continué à se développer, augmentant ainsi sa signification spirituelle.

Une autre étape importante dans le développement du brassage du saké a été l'introduction de la fermentation parallèle multiple, également connue sous le nom de fermentation parallèle multiple (MPF). Cette technique, développée à la fin de l'époque Heian et au début de l'époque Kamakura (1185-1333), permettait de réaliser simultanément la saccharification et la fermentation alcoolique dans une seule cuve. Cela a abouti à une production plus efficace et à une teneur en alcool plus élevée dans le produit final.

La période Kamakura a également entraîné des changements dans la structure sociale du Japon qui ont affecté la production de saké. Avec la montée de la classe des samouraïs et l'établissement du shogunat, le pouvoir passa de la cour impériale aux familles guerrières. Cela a conduit à une décentralisation de la production de saké, de nombreux dirigeants régionaux ayant créé leurs propres brasseries.

Ce développement a contribué à l'émergence de styles et de traditions de saké locaux qui continuent aujourd'hui de façonner la diversité du paysage du saké japonais.

La période Muromachi (1336-1573) a vu d'autres progrès significatifs dans l'art du brassage du saké. L'une des innovations les plus importantes de cette époque fut le développement du procédé de pasteurisation connu sous le nom de Hi-ire. Cette technique, qui consiste à chauffer brièvement le saké pour tuer les micro-organismes indésirables et prolonger sa durée de conservation, a été développée bien avant les travaux révolutionnaires de Louis Pasteur au XIXe siècle. L'introduction du procédé Hi-ire a permis de stocker et de transporter le saké pendant de plus longues périodes, conduisant à une expansion du commerce et à une plus grande distribution de la boisson.

Les premières brasseries commerciales de saké ont commencé à émerger à cette époque. Beaucoup de ces premières brasseries étaient situées à proximité de temples et de sanctuaires, car ces institutions possédaient les connaissances et les ressources nécessaires pour produire du saké de haute qualité. La commercialisation croissante de la production de saké a conduit au développement de nouvelles techniques et au perfectionnement des méthodes existantes pour accroître l'efficacité et améliorer la qualité.

La période Sengoku (1467-1615), période d'instabilité politique et de guerres fréquentes, a paradoxalement eu une influence positive sur le brassage du saké. De nombreux daimyos (seigneurs féodaux) promouvaient activement la production de saké dans leurs régions, car celle-ci représentait une importante source de revenus. Cela a conduit à une concurrence entre les régions et a stimulé l'innovation dans la technologie brassicole. Cette période voit également la mise en place des premiers systèmes de corporations de brasseurs de saké, contribuant à standardiser les méthodes de production et à transmettre le savoir-faire.

Avec le début de la période Edo (1603-1868) et l'établissement du shogunat Tokugawa, l'industrie du saké connaît une période de stabilité et de croissance. La période de paix relative et le boom économique de cette époque ont créé des conditions favorables au développement ultérieur de l'art du brassage du saké. À cette époque, de nombreuses marques de saké et brasseries encore connues aujourd'hui ont vu le jour. La période Edo a également vu l'émergence d'une culture du saké sophistiquée, avec des récipients à boire spéciaux, des étiquettes et des rituels qui faisaient de la consommation de saké une expérience esthétique et sociale.

L'un des développements les plus significatifs de la période Edo fut le perfectionnement du polissage des grains de riz. Les brasseurs ont découvert qu'en broyant les couches externes des grains de riz, on pouvait produire un saké plus pur et plus élégant. Cela a conduit au développement de différentes catégories de saké en fonction du degré de polissage du riz, une classification qui perdure encore aujourd'hui. Les catégories les plus connues sont le Junmai (vin de riz pur), le Ginjo (saké de qualité supérieure à base de riz hautement poli) et le Daiginjo (saké de qualité supérieure à base de riz extrêmement poli).

Les premières réglementations officielles pour la production de saké ont également été publiées à cette époque. Le shogunat introduisit des licences pour les brasseries de saké et préleva des taxes sur la production. D'une part, ces mesures servaient à contrôler la qualité, d'autre part, elles représentaient une source de revenus importante pour le gouvernement. La réglementation stricte signifiait que de nombreuses petites brasseries devaient cesser leurs activités, tandis que de plus grandes entreprises établies prospéraient.

La période Edo voit également l'émergence de la culture Toji. Les Toji étaient des maîtres brasseurs qui venaient souvent des zones rurales et brassaient du saké dans les villes pendant les mois d'hiver, lorsque les travaux agricoles étaient à l'arrêt. Cette migration saisonnière de main-d'œuvre a conduit à la formation de guildes Toji qui préservaient et transmettaient des techniques et des secrets de brassage spécifiques. Les guildes Toji les plus célèbres, comme les Nanbu Toji de la préfecture d'Iwate ou les Echigo Toji de la préfecture de Niigata, ont encore aujourd'hui une grande influence sur l'art du brassage du saké.

Un autre aspect important de la culture du saké à l'époque d'Edo fut le développement du concept izakaya. Ces pubs informels, qui servaient du saké et de petites assiettes, sont devenus d'importants lieux de rassemblement social pour la population croissante de la ville. Ils ont contribué de manière significative à la vulgarisation du saké auprès de tous les horizons et ont favorisé le développement d'une culture diversifiée du saké.

La restauration Meiji de 1868 et l'ouverture ultérieure du Japon à l'Occident ont apporté des changements importants dans l'industrie du saké. Le nouveau gouvernement a aboli le monopole du shogunat sur la production de saké, ce qui a initialement conduit à un boom de l'industrie. Le nombre de brasseries explose, passant d'environ 20 000 au début de l'ère Meiji à plus de 30 000 dans les années 1890.

Dans le même temps, l'ouverture du Japon a introduit de nouvelles technologies et connaissances scientifiques dans le pays, ce qui a également influencé la production de saké. Les scientifiques japonais ont commencé à étudier les principes de la fermentation et de la microbiologie, ce qui a permis de mieux comprendre le processus de brassage. L'introduction de thermomètres et d'hydromètres a permis un contrôle plus précis de la fermentation, ce qui a contribué à améliorer la qualité et la consistance du saké.

L'une des innovations les plus importantes de cette époque fut l'isolement et la culture de souches de levure pure. En 1904, le scientifique Kinichiro Kagi isole la première souche de levure de saké pure, connue sous le nom de Kyokai No. 1 est devenu connu. Cela a marqué le début de la sélection scientifique et de la sélection des levures dans la production de saké, une pratique qui se poursuit encore aujourd'hui et qui contribue de manière significative à la diversité et à la qualité des variétés de saké modernes.

La période Meiji a également vu la création des premières institutions de recherche sur le saké. Fondé en 1904, l'Institut national de recherche en brasserie (aujourd'hui Institut national de recherche en brasserie et fermentation) a joué un rôle clé dans l'étude scientifique du processus de brassage et le développement de nouvelles techniques. Cette institutionnalisation de la recherche sur le saké a contribué de manière significative à la modernisation et à la standardisation de l'industrie brassicole.

Malgré ces avancées, la période Meiji a également apporté son lot de défis à l'industrie du saké. L'introduction de boissons alcoolisées occidentales telles que la bière et le whisky a créé une nouvelle concurrence sur le marché japonais.

Dans le même temps, le gouvernement a introduit des taxes élevées sur le saké pour financer la modernisation du pays. Ces facteurs, combinés à une série de mauvaises récoltes, ont entraîné une baisse de la production de saké et la fermeture de nombreuses petites brasseries.

La période Taisho (1912-1926) et le début de la période Showa (1926-1989) ont apporté de nouveaux changements dans l'industrie du saké.

La Première Guerre mondiale et le boom économique qui a suivi ont entraîné une brève reprise de la production de saké. Au cours des années 1920 et 1930, de nombreuses brasseries ont expérimenté de nouvelles techniques et de nouveaux ingrédients pour différencier leurs produits et rester compétitives.

Une innovation importante de cette époque fut le developpement du style Ginjo. Le saké Ginjo, fabriqué à partir de riz hautement poli et fermenté à basse température, se caractérise par son élégance et sa complexité. Bien que les origines du style Ginjo remontent à la fin de la période Edo, ce n'est que dans les années 1920 et 1930 qu'il fut développé et affiné. Cependant, la production de saké ginjo était initialement limitée à de petites quantités et était principalement destinée aux concours et aux occasions spéciales.

La Seconde Guerre mondiale et l'immédiat après-guerre ont représenté une phase difficile pour l'industrie du saké. En raison de la pénurie de riz et des restrictions gouvernementales, la production de saké a considérablement chuté. De nombreuses brasseries ont dû fermer leurs portes ou réorienter leur production vers d'autres produits. Cette période a également vu l'introduction de la pratique consistant à fortifier le saké avec de l'alcool pour épuiser les rares réserves de riz. Cette technique, initialement conçue comme une mesure provisoire, est devenue plus tard une méthode établie dans la production de saké et a conduit au développement de nouveaux styles de saké.

La période d'après-guerre a été marquée par une lente reprise de l'industrie du saké. Avec le boom économique du Japon dans les années 1950 et 1960, la consommation de saké a également augmenté à nouveau. Dans le même temps, l'industrialisation et la mécanisation croissantes de la production de saké ont conduit à des améliorations de l'efficacité et à une augmentation des volumes de production. Les grands producteurs de saké ont commencé à dominer le marché, tandis que de nombreuses petites brasseries traditionnelles avaient du mal à rivaliser.

Dans les années 1970, une tendance à l'amélioration de la qualité et à la diversification de l'offre de saké a commencé. Les consommateurs ont commencé à accorder davantage de valeur au saké artisanal de haute qualité. Cela a conduit à une renaissance du style Ginjo, qui était désormais produit et commercialisé en plus grande quantité. Dans le même temps, des brasseurs innovants ont expérimenté de nouvelles variétés de riz, souches de levure et techniques de brassage pour créer des variantes de saké uniques et complexes.

Les années 1980 ont vu une professionnalisation et une scientificisation accrues de l'art du brassage du saké. Les progrès de la biotechnologie ont permis le développement de nouvelles souches de levure dotées de propriétés spécifiques qui ont été utilisées pour produire des arômes et des profils de saveur particuliers. Dans le même temps, les méthodes de brassage traditionnelles ont été redécouvertes et combinées avec des techniques modernes pour produire un saké de la plus haute qualité.

L'expansion internationale de l'industrie japonaise du saké a également commencé à cette époque. À mesure que l'intérêt mondial pour la culture et la cuisine japonaises grandissait, la demande étrangère pour le saké augmentait également. Les brasseries japonaises ont commencé à commercialiser activement leurs produits sur les marchés internationaux et à les adapter aux préférences gustatives des consommateurs étrangers.

Les années 1990 et le début du 21e siècle ont apporté de nouveaux défis à l'industrie du saké. La consommation de saké au Japon a diminué, les jeunes générations préférant de plus en plus d'autres boissons alcoolisées. De nombreuses brasseries ont réagi en innovant et en développant de nouveaux produits pour attirer de nouveaux groupes cibles. Des sakés aux fruits, des sakés à faible teneur en alcool et même des versions sans alcool ont vu le jour.

Dans le même temps, il y avait un intérêt croissant pour le saké artisanal et régional. Les petites brasseries indépendantes, souvent appelées « jizake » (saké local), ont gagné en popularité. Ces brasseries se sont concentrées sur l'utilisation d'ingrédients locaux et de méthodes traditionnelles pour produire un saké unique et axé sur le terroir. Cette tendance à la régionalisation et à l'accent mis sur l'artisanat a contribué à préserver et à promouvoir la diversité et la qualité du saké japonais.

L'internationalisation du saké s'est poursuivie au 21e siècle. Les brasseries japonaises ont commencé à établir des succursales à l'étranger et à établir des installations de production locales. Dans le même temps, des brasseries de saké ont émergé dans divers pays, combinant les techniques japonaises avec les ingrédients et traditions locales. Cette expansion mondiale a conduit à un échange fructueux d'idées et de techniques et a encouragé le développement de nouveaux styles de saké hybrides.

Les développements technologiques ne se sont pas arrêtés à l'industrie du saké. Les brasseries modernes s'appuient de plus en plus sur des processus de fermentation contrôlés par ordinateur qui permettent un contrôle précis de la température, de l'humidité et d'autres facteurs. Parallèlement, de nombreux brasseurs utilisent des méthodes analytiques avancées telles que la chromatographie en phase gazeuse et la spectrométrie de masse pour optimiser la composition chimique de leur saké et garantir une qualité constante.

L'histoire du brassage du saké est donc une histoire d'évolution et d'adaptation continues. Depuis ses débuts en tant que boisson à base de riz fermenté, le saké est devenu un produit diversifié et hautement raffiné apprécié dans le monde entier. Elle a toujours maintenu ses racines profondes dans la culture et la tradition japonaise, tout en restant ouverte aux innovations et aux nouvelles influences.

Un aspect fascinant de l'histoire du saké est le développement de différents styles régionaux. Chaque région productrice de saké du Japon a développé son propre style au fil du temps, influencé par des facteurs tels que les sources d'eau locales, les conditions climatiques, les variétés de riz et les techniques de brassage traditionnelles. Par exemple, le saké de la préfecture de Niigata est connu pour son style sec et propre, tandis que le saké de la préfecture de Kyoto a souvent une saveur plus douce et plus ronde.

Ces différences régionales ont été de plus en plus reconnues et promues en tant que patrimoine culturel important au cours des dernières décennies. De nombreuses régions ont développé leurs propres marques de saké et labels de qualité pour mettre en valeur le caractère unique de leurs produits locaux. Cet accent mis sur la régionalité a non seulement contribué à préserver les méthodes de brassage traditionnelles, mais a également encouragé l'intérêt des consommateurs pour la diversité et la complexité du saké.

Un autre aspect important de l'histoire récente du saké est la reconnaissance croissante de ses bienfaits pour la santé. Des études scientifiques ont montré que le saké, consommé avec modération, peut avoir des effets positifs sur la santé. Par exemple, le saké contient des acides aminés qui peuvent contribuer à la production de collagène, ce qui peut avoir des effets positifs sur la peau. Les peptides et enzymes qu'il contient sont également associés à diverses propriétés bénéfiques pour la santé.

Ces découvertes ont contribué à renforcer l'image du saké en tant que boisson alcoolisée « saine » de haute qualité. De nombreuses brasseries mettent désormais l'accent sur ces aspects dans leur marketing et ont même développé des produits spécifiques destinés aux consommateurs soucieux de leur santé.

### Les matières premières : le riz et l'eau

Le riz, cœur de la production du saké, joue un rôle essentiel dans la qualité et le goût du produit final. Il existe des variétés spéciales de riz à saké (Shuzo Kotekimai) qui se caractérisent par des grains plus gros et une teneur élevée en amidon. Ces variétés de riz spéciales, telles que Yamada Nishiki, Omachi et Gohyakumangoku, sont cruciales pour la qualité du saké, car la manière dont le riz est poli et traité a un impact direct sur le goût.

Le processus de polissage, qui élimine les couches externes du grain de riz, est l'une des étapes les plus critiques du brassage du saké. Le degré de polissage du riz détermine la pureté et la finesse du saké. Plus le riz est poli, plus le saké obtenu devient de qualité et complexe. Les variétés telles que le Ginjo et le Daiginjo nécessitent un niveau de polissage particulièrement élevé, éliminant jusqu'à 50 % ou plus du grain de riz d'origine.

L'eau utilisée dans le processus de brassage joue également un rôle crucial. Le Japon est connu pour son eau douce qui, dans de nombreuses régions, est riche en minéraux qui facilitent le processus de fermentation. Différentes sources d'eau influencent les caractéristiques du saké, c'est pourquoi de nombreuses brasseries de saké célèbres sont situées dans des régions connues pour leur eau particulièrement pure et de haute qualité, comme Nada et Fushimi.

Le saké, la boisson nationale traditionnelle japonaise, a une histoire qui remonte à des milliers d'années et jouit d'une popularité croissante dans le monde entier. Mais qu'est-ce qui rend cette boisson unique si spéciale ? La réponse réside dans les matières premières utilisées et dans le processus de fabrication complexe. Dans ce texte complet, nous examinerons en profondeur les deux principaux ingrédients du saké : le riz et l'eau. Ces deux composants apparemment simples constituent la base de la complexité et de la nature multiforme du vin de riz japonais.

Commençons par le riz, cœur du saké. Contrairement à la production de bière ou de vin, qui utilisent de l'orge ou du raisin, le riz est l'élément central de la production de saké. Mais tous les types de riz ne conviennent pas également à la préparation de cette noble boisson. Les brasseurs de saké, également connus sous le nom de Toji, sélectionnent très soigneusement des types de riz spéciaux caractérisés par des propriétés particulières.

L'une des propriétés les plus importantes du riz utilisé pour le saké est sa forte teneur en amidon. Comparé au riz ordinaire, le riz au saké contient une proportion d'amidon nettement plus élevée, concentrée à l'intérieur du grain de riz. Cet amidon est essentiel au processus de fermentation, où il est transformé en sucre et finalement en alcool. Plus la teneur en amidon est élevée, plus le riz a le potentiel d'être transformé en un saké de haute qualité.

Le type de riz le plus connu et le plus couramment utilisé pour fabriquer du saké est le Yamada Nishiki. Souvent appelée le « roi du riz à saké », cette variété se caractérise par de gros grains de forme uniforme. Le Yamada Nishiki a une teneur en amidon particulièrement élevée et une consistance molle, ce qui le rend idéal pour la production de saké. Il est principalement cultivé dans la préfecture de Hyogo, mais est considéré comme un riz de qualité supérieure pour la production de saké dans tout le Japon.

Un autre type de riz populaire est le Gohyakumangoku. Cette variété est principalement cultivée dans les régions du nord du Japon et se caractérise par sa résistance au froid. Le riz Gohyakumangoku produit un saké au goût léger et frais et à l'acidité agréable. Il est souvent utilisé pour fabriquer le saké Ginjo et Daiginjo, deux catégories de saké de haute qualité.

L'Omachi est une autre variété de riz notable utilisée dans la production de saké. Cette variété ancienne est cultivée depuis plus de 100 ans et est connue pour sa saveur terreuse unique. Le saké à base de riz Omachi présente souvent une structure aromatique complexe avec des notes minérales et une légère amertume. Cette variété est particulièrement appréciée des amateurs de saké à la recherche d'une boisson pleine de caractère.

En plus de ces variétés bien connues, il existe de nombreux autres types de riz utilisés dans la production du saké. Chaque région du Japon possède ses propres variétés locales, souvent sélectionnées spécifiquement pour les conditions climatiques et pédologiques locales. Cette diversité contribue au large éventail de profils aromatiques que l'on retrouve dans le saké.

La qualité du riz est déterminée non seulement par la variété, mais aussi par la manière dont il est cultivé et récolté. Le riz au saké est souvent cultivé dans des conditions plus strictes que le riz comestible ordinaire. Les plantes sont plus espacées pour recevoir plus de lumière solaire et produire des grains plus gros. L'utilisation d'engrais et de pesticides est également soigneusement contrôlée afin de ne pas altérer la qualité du riz.

Le moment de la récolte joue également un rôle crucial. Le riz à saké est généralement récolté un peu plus tard que le riz comestible pour maximiser la teneur en amidon. La récolte se fait généralement mécaniquement, en prenant grand soin de ne pas endommager les grains de riz. Après la récolte, le riz est séché et stocké avant d'être transporté vers la brasserie de saké.

Une fois à la brasserie, commence la prochaine étape importante de la préparation du riz : le polissage. Le polissage consiste à broyer les couches externes du grain de riz pour révéler le noyau riche en amidon. Ce processus est crucial pour la qualité du saké et détermine en grande partie à quelle catégorie de saké le produit final est attribué.

Le degré de polissage est appelé seimaibuai et indique quel pourcentage du grain de riz d'origine reste après le polissage. Plus cette valeur est basse, plus le riz a été poli et plus la qualité du saké qui en est issu est élevée. Pour un saké Junmai, catégorie de base des sakés premium, le riz doit être poli à au moins 70 % de son poids d'origine. Pour la catégorie la plus élevée, le saké daiginjo, le riz est souvent poli à moins de 50 % de son poids d'origine.

Le polissage a plusieurs objectifs. Tout d'abord, les couches externes du grain de riz, riches en protéines, graisses et minéraux, sont éliminées. Ces substances peuvent créer des arômes indésirables dans le saké et sont donc supprimées. Ce qui reste est le noyau riche en amidon du grain de riz, qui est le plus important pour la production de saké. Plus le riz est poli, plus l'amidon restant est pur, ce qui donne un saké plus clair et élégant.

Le polissage est un processus long et coûteux. Pour les sakés de haute qualité, le polissage peut prendre plusieurs jours et une partie importante du riz est perdue au cours du processus. Cela explique en partie pourquoi les variétés de saké très polies comme le Daiginjo sont souvent plus chères que les variétés moins polies.

Après polissage, le riz est lavé pour éliminer la poussière et les particules libres, puis trempé dans l'eau. La durée du trempage dépend de plusieurs facteurs, notamment du niveau de polissage et de la qualité finale souhaitée du saké. Cette étape est cruciale pour atteindre le bon niveau d'humidité dans le riz avant de le cuire à la vapeur.

La cuisson du riz à la vapeur est la prochaine étape importante de la préparation. Contrairement à la cuisson du riz, le riz au saké est cuit à la vapeur pour obtenir une humidité uniforme sans que les grains d'amidon n'éclatent. Le riz cuit à la vapeur a une consistance ferme mais douce, idéale pour le processus de fermentation suivant.

La préparation du riz est un processus complexe et long qui demande beaucoup d'expérience et de sensibilité. Chaque étape, de la culture à la récolte en passant par le polissage et la cuisson à la vapeur, a un impact sur la qualité et le caractère du saké fini. Les Toji, les maîtres brasseurs de saké, doivent prendre en compte tous ces facteurs et les équilibrer soigneusement pour produire un saké de la plus haute qualité.

Mais le riz ne représente que la moitié de l'histoire. L'eau est tout aussi importante pour la production d'un saké de haute qualité. Le Japon, en tant que nation insulaire dotée de nombreuses chaînes de montagnes, regorge de sources et de rivières qui fournissent une eau pure et riche en minéraux. Cette eau joue un rôle crucial à chaque étape du processus de brassage du saké, du lavage et du trempage du riz à la fermentation et finalement à la dilution du produit fini.

La qualité de l'eau a un impact significatif sur le goût et la texture du saké. Une eau douce et pauvre en minéraux donne généralement un saké plus doux et plus élégant. L'eau dure, en revanche, riche en minéraux comme le calcium et le magnésium, peut donner un saké plus fort et plus corsé. Les meilleures brasseries de saké ont souvent accès à une eau de source particulièrement pure, considérée comme l'un de leurs biens les plus précieux.

La ville de Fushimi à Kyoto est un exemple célèbre de l'importance de l'eau dans la production du saké. Cette région est connue pour son eau douce et pure provenant des montagnes environnantes. Cette eau, connue sous le nom de « Fushimizu », est souvent décrite comme idéale pour la production de saké et a permis à Fushimi de devenir l'une des régions productrices de saké les plus renommées du Japon.

L'eau utilisée pour la production du saké doit répondre à certains critères. Il doit être exempt d'impuretés et avoir une teneur en minéraux équilibrée. Trop de minéraux peuvent interférer avec le processus de fermentation, tandis que trop peu de minéraux peuvent donner un saké au goût fade. De nombreuses brasseries traitent leur eau pour obtenir la teneur en minéraux optimale pour leur production de saké spécifique.

Un minéral particulièrement important dans l'eau pour la production de saké est le potassium. Le potassium favorise la croissance des levures et soutient le processus de fermentation. D'un autre côté, une teneur trop élevée en fer dans l'eau peut entraîner une décoloration indésirable et des modifications du goût du saké. C'est pourquoi la teneur en fer de l'eau des brasseries de saké est soigneusement surveillée et contrôlée.

L'eau joue un rôle important à chaque étape du processus de brassage du saké. Laver le riz après le polissage aide à éliminer la poussière et les particules libres. Pendant le trempage, le riz absorbe de l'eau, ce qui est crucial pour le processus de fermentation ultérieur. Lorsque le riz est cuit à la vapeur, la vapeur d'eau garantit que les grains de riz sont uniformément humidifiés.

Pendant la fermentation, l'eau sert de milieu dans lequel se déroulent les processus biochimiques complexes qui convertissent l'amidon de riz en alcool. Les minéraux dissous dans l'eau influencent l'activité des levures et des moisissures koj, essentielles à la production du saké.

Enfin, l'eau est également utilisée pour diluer le saké fini jusqu'au titre alcoométrique souhaité. La plupart des sakés ont une teneur en alcool d'environ 15 à 16 %, mais pendant la fermentation, la teneur en alcool peut atteindre 20 %. L'ajout d'eau régule non seulement la teneur en alcool, mais affine également le goût et la texture du saké.

L'importance de l'eau dans la production du saké va au-delà de son rôle fonctionnel. De nombreuses brasseries de saké se sont installées à certains endroits au fil des générations, précisément parce que l'eau y est particulièrement bonne. Ce lien étroit entre l'eau d'une région et le saké qui y est produit est une partie essentielle du concept de terroir dans le saké, tout comme dans le vin.

La notion de terroir, qui décrit l'ensemble des facteurs environnementaux qui influencent le caractère d'un produit, fait également l'objet d'une attention croissante dans le monde du saké. Outre l'eau, des facteurs tels que le climat local, la nature du sol ou encore les micro-organismes présents dans l'air jouent également un rôle. Tous ces éléments contribuent au fait que les sakés provenant de différentes régions du Japon ont souvent des profils aromatiques très différents.

La combinaison du riz et de l'eau spécifiques à une région peut donner naissance à des styles de saké locaux uniques. Par exemple, le saké de la préfecture de Niigata est souvent connu pour son style sec et propre, dû en partie à l'eau de fonte des neiges douce et pure utilisée dans cette région. En revanche, la préfecture de Fukui, connue pour son eau riche en minéraux, produit souvent du saké au profil aromatique plus complet et plus complexe.

Pour souligner l'importance du riz et de l'eau dans le brassage du saké, il convient de jeter un coup d'œil aux tendances et évolutions actuelles. Ces dernières années, le saké biologique suscite un intérêt croissant. De plus en plus de brasseries expérimentent le riz biologique et s'appuient sur des méthodes de production durables. Cela reflète non seulement une conscience environnementale croissante, mais ouvre également de nouvelles dimensions gustatives au saké.

Dans le même temps, le traitement de l'eau prend de plus en plus d'importance. Les technologies modernes permettent aux brasseries de contrôler et d'ajuster avec précision la composition minérale de leur eau. Cela permet un réglage encore plus fin du processus de brassage et ouvre de nouvelles opportunités d'innovation dans le profil aromatique.

La mondialisation affecte également la production de saké. Certaines brasseries en dehors du Japon expérimentent des variétés de riz locales et des sources d'eau pour créer des variantes de saké uniques et spécifiques au site. Il en résulte une fusion passionnante de méthodes de brassage japonaises traditionnelles avec des influences régionales du monde entier.

En conclusion, le riz et l'eau sont bien plus que de simples ingrédients dans la production du saké. Ils constituent la base sur laquelle repose l'art du brassage du saké. Leur sélection et leur traitement minutieux déterminent de manière significative le caractère et la qualité du produit final. Dans la symbiose de ces deux éléments réside le secret du saké parfait : une boisson qui non seulement capture l'essence de ses ingrédients, mais reflète également le savoir-faire et la tradition du Japon dans chaque goutte.

**Le processus de brassage du saké**

Le processus de brassage lui-même se compose de plusieurs étapes très complexes et précises qui sont supervisées par des maîtres brasseurs expérimentés, appelés Toji. Ces maîtres ont des années d'expérience et de connaissances, souvent transmises de génération en génération. Le Toji joue un rôle central dans la brasserie et se charge de peaufiner chaque étape.

Le processus de brassage du saké est un voyage fascinant à travers la tradition, la science et l'artisanat. Ce processus millénaire de production de la boisson nationale japonaise combine la sagesse ancienne et les connaissances modernes pour créer un produit apprécié dans le monde entier pour son caractère unique. Pour bien comprendre le processus complexe de brassage du saké, nous devons d'abord comprendre les bases, puis parcourir l'ensemble du processus étape par étape.

Le saké, souvent appelé Nihonshu, est une boisson alcoolisée obtenue par fermentation du riz. Contrairement à la bière, dans laquelle l'amidon est d'abord transformé en sucre puis fermenté en alcool, les deux processus se déroulent en parallèle lors de la fabrication du saké. Cela rend la production particulièrement exigeante et nécessite un haut niveau de précision et d'expérience.

L'histoire du saké remonte à loin. Il existe des traces de la production de vin de riz dès la période Nara (710-794 après JC). Au fil des siècles, le processus de brassage a été affiné et optimisé, chaque région du Japon développant ses propres techniques et styles. Aujourd'hui, le saké est une boisson appréciée non seulement au Japon mais dans le monde entier, qui peut être comparée au vin dans sa diversité et sa complexité.

La première étape, et peut-être la plus importante, du processus de brassage du saké est la sélection du riz. Tous les types de riz ne conviennent pas également à la production de saké. Traditionnellement, on utilise des types spéciaux de riz à saké, caractérisés par de gros grains féculents. Ces variétés de riz, comme le Yamada Nishiki, le Gohyakumangoku ou le Miyamanishiki, sont cultivées spécifiquement pour la production de saké et se caractérisent par une teneur élevée en amidon au centre du grain. La taille et la forme des grains de riz jouent un rôle crucial car ils facilitent le polissage du riz, étape cruciale du processus de brassage.

Le polissage du riz, également appelé broyage, est un élément essentiel de la production du saké. Ce processus enlève les couches externes du grain de riz pour révéler le noyau riche en amidon. En fonction de la qualité du saké souhaitée, le riz est poli à des degrés divers. Pour les variétés de saké haut de gamme telles que le Daiginjo, jusqu'à 65 % du grain de riz d'origine peut être moulu. Ce processus prend du temps et nécessite des machines spéciales qui traitent le riz avec soin et uniformément. Le polissage élimine les protéines, les graisses et les minéraux des couches externes du grain de riz qui pourraient donner des arômes indésirables au saké fini. Ce qui reste, c'est le noyau d'amidon pur, qui constitue la base d'un saké clair et pur.

Après polissage, le riz est lavé. Cette étape est conçue pour éliminer la poussière de riz et les particules libres créées lors du processus de polissage. Le lavage doit être effectué avec soin, car un lavage trop intensif pourrait détacher l'amidon précieux du grain de riz. Le riz est ensuite trempé pour atteindre le niveau d'humidité idéal pour l'étape suivante. Le temps de trempage varie selon le degré de polissage du riz et peut durer de quelques minutes à plusieurs heures. Le riz hautement poli absorbe l'eau plus rapidement et nécessite donc un temps de trempage plus court.

La prochaine étape consiste à cuire le riz à la vapeur. Contrairement à l'ébullition, où le riz est cuit directement dans l'eau, la cuisson à la vapeur ne l'expose qu'à la vapeur chaude. Il en résulte une texture et une texture différentes de celles du riz, ce qui est idéal pour la fabrication du saké. Le riz cuit à la vapeur est moelleux à l'extérieur mais conserve une certaine fermeté à l'intérieur. Cette consistance est importante pour le traitement ultérieur par les moisissures du koji et les cellules de levure. La cuisson à la vapeur s'effectue dans des systèmes spéciaux qui assurent une répartition uniforme de la vapeur. Le temps et la température de cuisson à la vapeur sont soigneusement contrôlés pour obtenir des résultats optimaux.

L'utilisation du koji est un élément clé de la production du saké. Le koji est une moisissure de l'espèce Aspergillus oryzae cultivée sur du riz cuit à la vapeur. Ce champignon produit des enzymes qui transforment l'amidon du riz en sucre – une étape essentielle pour la fermentation alcoolique ultérieure.

Faire du koji est un art en soi et demande beaucoup d'expérience et de sensibilité. Une partie du riz cuit à la vapeur est transportée dans une pièce spéciale, le koji-muro. Ici, les spores de koji sont saupoudrées sur le riz et cultivées à température et humidité contrôlées. Les maîtres koji surveillent méticuleusement ce processus et retournent régulièrement le riz pour assurer une croissance uniforme du champignon. Après environ deux jours, le riz koji est prêt et peut être utilisé pour la prochaine étape du processus de brassage.

La fabrication de la culture de levure, également connue sous le nom de shubo ou moto, est la prochaine étape critique. Dans cette phase, une petite quantité de riz koji est mélangée à de l'eau stérile et des bactéries lactiques. Les bactéries lactiques produisent de l'acide lactique, qui abaisse le pH et empêche ainsi la croissance de micro-organismes indésirables. Après quelques jours, la levure est ajoutée. La levure commence alors à transformer le sucre produit par les enzymes koji en alcool. Ce processus prend environ deux semaines et aboutit à une culture de levure très concentrée qui est utilisée pour la fermentation principale.

La fermentation principale, également connue sous le nom de moromi, est le cœur du processus de brassage du saké. C'est là que se réunissent tous les éléments préparés : le riz cuit à la vapeur, le riz koji, l'eau et la levure de culture. Ces ingrédients sont ajoutés progressivement dans une grande cuve de fermentation sur une période de plusieurs jours. Cet ajout progressif, également appelé sandanzukuri, permet de contrôler la fermentation de manière optimale. Dans un premier temps, une petite quantité de tous les ingrédients est mélangée. Après un jour ou deux, suit la deuxième étape avec une plus grande quantité, et enfin la troisième étape avec le reste des ingrédients. Cette méthode permet à la levure de se multiplier lentement et de s'acclimater à la concentration croissante d'alcool.

Lors de la fermentation principale, deux processus se déroulent en parallèle : les enzymes du koji transforment continuellement l'amidon en sucre, tandis que la levure transforme ce sucre en alcool et en dioxyde de carbone. Cette mise en œuvre simultanée de la saccharification et de la fermentation est unique à la production de saké et est appelée fermentation parallèle multiple. Il permet d'atteindre une teneur en alcool plus élevée que lors de la fabrication de la bière ou du vin. La fermentation dure généralement de 18 à 32 jours, selon le type de saké souhaité et les conditions spécifiques.

Pendant toute la période de fermentation, les brasseurs de saké, également connus sous le nom de Toji, surveillent attentivement le processus. Ils vérifient régulièrement la température, la teneur en alcool, l'acidité et d'autres paramètres. La température joue un rôle particulièrement important car elle influence l'activité de la levure et donc le goût du saké fini. Traditionnellement, la température était régulée en ouvrant et en fermant les fenêtres et les portes, mais aujourd'hui, des systèmes de refroidissement modernes sont généralement utilisés. Selon le style souhaité, la température de fermentation peut être comprise entre 6°C et 20°C. Des températures plus basses entraînent une fermentation plus lente et donnent souvent un saké plus fruité et plus complexe, tandis que des températures plus élevées favorisent une fermentation plus rapide et une saveur plus audacieuse.

L'art de brasser le saké ne réside pas seulement dans l'exécution technique, mais également dans le réglage minutieux de tous les facteurs pour obtenir le goût et le style souhaités.

Chaque brasseur de saké a ses propres méthodes et secrets, qui sont souvent transmis de génération en génération. Le choix de la variété de riz, le degré de polissage, les souches spécifiques de koji et de levure, la température et la durée de la fermentation, tous ces facteurs influencent le produit final et confèrent à chaque saké son caractère unique.

Une fois la fermentation principale terminée, la partie solide est séparée de la partie liquide. Ce processus est appelé joso et peut être réalisé de différentes manières.

La méthode la plus traditionnelle est le Fubukuro-Shibori, dans laquelle la purée est mise dans des sacs en coton puis pressée. Cette méthode est souvent utilisée pour le saké de haute qualité car elle est très douce et donne un liquide clair. Une méthode plus moderne consiste à utiliser des presses automatiques, qui fonctionnent plus efficacement et conviennent à des volumes de production plus importants. Certaines variétés de saké haut de gamme utilisent également la méthode d'égouttage libre (shizuku), dans laquelle la purée est placée dans des sacs et le saké est égoutté sans appliquer de pression. Cette méthode produit un saké particulièrement pur et doux, mais prend beaucoup de temps.

Le saké fraîchement pressé, également appelé Genshu, a généralement une teneur en alcool de 17 à 20 %. En fonction du produit final souhaité, il est ensuite dilué avec de l'eau pour réduire la teneur en alcool à environ 15-16 %. Cette étape demande beaucoup d'expérience car la bonne dilution est cruciale pour le goût et l'équilibre du saké. Certaines variétés de saké, notamment celles commercialisées sous le nom de « Genshu », ne sont pas diluées.

La prochaine étape du processus de brassage du saké est la pasteurisation. Le saké est brièvement chauffé à environ 60-65°C afin de tuer les micro-organismes éventuellement présents et de désactiver les enzymes. Cela stabilise le saké et évite une fermentation secondaire ou des changements de goût indésirables. La pasteurisation peut être effectuée une à deux fois, une fois avant le vieillissement et une fois avant la mise en bouteille. Certaines variétés de saké de spécialité, comme le Namazake, sont intentionnellement non Pasteurisées pour préserver leurs saveurs fraîches et vibrantes.

Après la première pasteurisation, il y a généralement une phase de maturation. La durée de cette phase peut varier considérablement selon le style de saké souhaité, de quelques semaines à plusieurs années. Au fur et à mesure que le saké mûrit, il développe son caractère. Les notes fraîches et fruitées peuvent s'estomper à mesure que des saveurs plus complexes et mûres se développent. L'élevage a généralement lieu dans de grandes cuves en acier inoxydable ; des fûts en bois sont également traditionnellement utilisés. La température pendant la maturation est soigneusement contrôlée car elle a une grande influence sur le processus de maturation. Les températures fraîches entraînent une maturation plus lente et préservent davantage les saveurs originales, tandis que des températures plus élevées peuvent accélérer le processus de maturation et donner une saveur plus riche.

Une autre étape importante dans le processus de brassage du saké est la filtration. Bien que le saké soit déjà relativement clair après pressage, il contient encore de fines particules qui sont éliminées par filtration fine. Cela se fait généralement à l'aide de systèmes de filtrage spéciaux qui pressent le saké à travers de fines membranes. Le niveau de filtration peut varier et affecte la clarté et la saveur du produit final. Certains types de saké, comme le Nigorizake, sont délibérément filtrés grossièrement ou laissés non filtrés pour obtenir un aspect trouble et un goût plus ample.

Après la filtration, une seconde pasteurisation suit souvent avant la mise en bouteille du saké. Cette seconde Pasteurisation sert à tuer les micro-organismes ayant pu pénétrer lors de la maturation et de la filtration et à stabiliser le saké pour sa distribution. La mise en bouteille elle-même s'effectue dans des conditions d'hygiène strictes pour éviter toute contamination. Le saké est mis en bouteille dans des bouteilles de différentes tailles, la bouteille traditionnelle de 1,8 litre, également connue sous le nom d'« Isshobin », encore largement utilisée au Japon.

Traditionnellement, la saison de brassage commence à l'automne, lorsque le nouveau riz est récolté, et se prolonge jusqu'à la fin du printemps. Cela est dû aux conditions climatiques idéales pour la fermentation. Les températures fraîches de l'hiver favorisent une fermentation lente et contrôlée, ce qui donne lieu à un profil aromatique plus complexe. Même si les brasseries modernes et climatisées peuvent brasser du saké toute l'année, de nombreux producteurs traditionnels s'en tiennent à une production saisonnière.

Le contrôle qualité joue un rôle crucial tout au long du processus de brassage. Des brasseurs de saké expérimentés organisent régulièrement des dégustations pour suivre l'évolution du saké. Ils prêtent attention à l'arôme, au goût, à la texture et à l'équilibre général. Sur la base de ces examens, ils peuvent apporter des ajustements au processus de brassage pour obtenir le produit final souhaité.

Un autre aspect important du brassage du saké est la qualité de l'eau. L'eau représente environ 80 % du saké fini et a donc un impact énorme sur le goût. De nombreuses brasseries de saké renommées sont situées dans des régions où l'eau est particulièrement douce ou pauvre en minéraux, car elle est considérée comme idéale pour la production de saké. Certaines brasseries vont même jusqu'à traiter ou filtrer l'eau locale pour obtenir la composition parfaite pour leur style de saké spécifique.

Le rôle de Toji, le maître brasseur de saké, ne peut être surestimé. Toji est non seulement responsable de la mise en œuvre technique du processus de brassage, mais apporte également des années d'expérience et une compréhension approfondie de l'art du brassage du saké. Dans de nombreuses brasseries traditionnelles, les secrets et les techniques de brassage du saké sont transmis du toji aux apprentis, souvent de génération en génération. Ce transfert de connaissances et d'expériences contribue à garantir que la tradition du brassage du saké reste vivante et continue en même temps à se développer.

Ces dernières années, l'industrie du saké a connu des développements intéressants. Si les méthodes traditionnelles sont toujours très appréciées, certains brasseurs innovants expérimentent de nouvelles techniques et de nouveaux ingrédients. Par exemple, des expériences sont menées avec différentes variétés de riz qui n'ont pas été spécifiquement sélectionnées pour la production de saké, ou avec des variétés de koji inhabituelles. Certains brasseurs expérimentent également l'ajout de fruits ou d'herbes pendant le processus de brassage pour créer de nouvelles saveurs.

Tout comme pour le vin, les producteurs et les amateurs de saké commencent à apprécier l'influence du riz local, de l'eau et des conditions climatiques sur le caractère du saké. Cela a conduit à une renaissance des variétés de riz locales et des styles de brassage régionaux traditionnels.

Le stockage et le transport du saké sont également des aspects importants qui peuvent affecter le goût et la qualité du produit final. Le saké est sensible à la lumière et aux changements de température. Idéalement, il est conservé dans un endroit frais et sombre. De nombreux sakés de haute qualité sont donc mis en bouteille dans des bouteilles sombres et conservés dans des réfrigérateurs ou des pièces climatisées. Pendant le transport, notamment à l'exportation, des conteneurs réfrigérés spéciaux sont utilisés pour maintenir la qualité.

Le résidu solide laissé après pressage s'appelle Sake Kasu. Ce résidu riche en nutriments est utilisé de diverses manières dans la cuisine japonaise, par exemple comme marinade pour le poisson ou les légumes ou comme ingrédient dans les soupes et les sauces. Certains chefs innovants expérimentent même l'utilisation du saké kasu dans la cuisine fusion moderne.

L'impact environnemental du brassage du saké est un sujet qui a pris de plus en plus d'importance ces dernières années. De nombreuses brasseries s'efforcent d'adopter des pratiques plus durables, telles que la réutilisation de l'eau, l'utilisation d'énergies renouvelables et la réduction des déchets. Certaines brasseries utilisent les résidus de la production de saké comme engrais ou pour produire du biogaz.

De nombreuses brasseries pratiquent encore des rituels et des cérémonies traditionnels pour remercier les dieux pour une saison brassicole réussie. Ces pratiques mettent en évidence la profonde signification culturelle du saké au Japon.

La formation pour devenir brasseur de saké est un processus long et exigeant. Traditionnellement, les apprentis commencent leur formation à un jeune âge et occupent différents postes au sein de la brasserie pendant de nombreuses années. Vous découvrirez tous les aspects du processus de brassage, du polissage du riz au contrôle qualité. De nos jours, il existe également des programmes de formation formels et des certifications pour les brasseurs de saké, mais l'expérience pratique et les connaissances transmises de génération en génération restent irremplaçables.

Selon le riz utilisé, le degré de polissage, les souches de levure et de koji et les méthodes de brassage, le saké peut avoir des saveurs allant du fruité au floral en passant par l'épicé et l'umami. La capacité de contrôler et d'équilibrer ces saveurs est l'un des plus grands défis et compétences du brasseur de saké.

Un aspect fascinant du brassage du saké est la capacité d'influencer le goût grâce à une manipulation ciblée du microbiome. La composition des micro-organismes présents dans la cuve de fermentation peut avoir des effets subtils mais significatifs sur le profil aromatique du saké fini. Certains brasseurs expérimentent l'introduction de souches spécifiques de bactéries ou de levures sauvages pour créer des saveurs uniques.

Si certains types de saké sont conçus pour être consommés jeunes et frais, d'autres peuvent bénéficier d'un vieillissement plus long. Certains sakés haut de gamme sont même vieillis pendant plusieurs années pour développer des saveurs complexes rappelant celles du sherry. Décider quand un saké a atteint son apogée et doit être mis en bouteille nécessite une grande compétence et expérience.

**Polissage du riz (Seimai)**

La première étape du processus de brassage du saké consiste à polir le riz. Le retrait des couches externes du grain de riz élimine les protéines et les graisses qui pourraient produire des saveurs indésirables lors de la fermentation. Plus le niveau de polissage est élevé, plus le goût devient raffiné. Pour les variétés de saké de haute qualité comme le Daiginjo, les grains doivent être hautement polis.

Le polissage du riz, connu sous le nom de seimai en japonais, est un processus fondamental et extrêmement important dans la production du saké, le vin de riz traditionnel japonais. Cette technique, qui a une tradition séculaire, s'est developpée au fil du temps pour devenir un processus hautement spécialisé et technologiquement avancé. Le polissage du riz n'est pas un simple processus mécanique, mais plutôt un art qui influence considérablement la qualité et le caractère du saké fini.

Pour bien comprendre l'importance du polissage du riz, il faut d'abord s'intéresser à la structure du grain de riz. Un grain de riz est constitué de plusieurs couches. Au centre se trouve le noyau, constitué principalement d'amidon. Ce noyau est entouré de plusieurs couches riches en protéines, graisses, vitamines et minéraux. Bien que ces couches externes soient précieuses pour la nutrition, elles peuvent introduire des composants de saveur et d'arôme indésirables lors de la production du saké. Le but du polissage est donc d'éliminer ces couches externes et d'exposer le noyau riche en amidon.

Le processus de polissage du riz commence par une sélection minutieuse de la variété de riz. Tous les types de riz ne conviennent pas également à la production de saké. Traditionnellement, on utilise des types spéciaux de riz à saké, caractérisés par de gros grains féculents. Ces variétés de riz, comme le Yamada Nishiki, le Gohyakumangoku ou le Miyamanishiki, sont cultivées spécifiquement pour la production de saké et se caractérisent par une teneur élevée en amidon au centre du grain. La taille et la forme des grains de riz jouent un rôle crucial car elles facilitent le polissage et permettent un traitement uniforme.

Le processus de polissage proprement dit a lieu dans des machines spéciales appelées polisseuses à riz ou moulins à riz. Ces machines ont considérablement évolué au fil du temps. Alors qu'autrefois on utilisait des moulins mécaniques pour traiter le riz entre des meules rotatives, on utilise aujourd'hui des systèmes de pointe contrôlés par ordinateur. Ces polisseuses modernes fonctionnent avec des tambours rotatifs ou des disques recouverts de matériaux abrasifs. Le riz est introduit dans ces machines et se déplace lentement à travers les éléments rotatifs, effaçant progressivement les couches extérieures.

La durée du processus de polissage dépend de plusieurs facteurs, notamment du niveau de polissage souhaité. Le degré de polissage, également connu sous le nom de seimai-buai, indique le pourcentage de grain de riz d'origine restant après le polissage. Plus cette valeur est faible, plus le riz est poli. Pour les sakés simples, un taux de polissage de 70 % peut suffire, c'est-à-dire que 30 % du grain a été broyé. Les variétés de saké haut de gamme comme le Daiginjo, en revanche, peuvent avoir des niveaux de polissage de 50 %, voire moins. Dans les cas extrêmes, jusqu'à 65 % du grain de riz d'origine est éliminé, ce qui donne un niveau de polissage de seulement 35 %.

Le processus de polissage est un processus long qui peut durer de plusieurs heures à plusieurs jours, selon le niveau de polissage souhaité. Pendant ce temps, le processus doit être soigneusement surveillé pour garantir un traitement uniforme de tous les grains de riz. La température joue un rôle important car la friction crée de la chaleur. Une température trop élevée pourrait affecter la qualité du riz, c'est pourquoi les polisseuses modernes sont souvent équipées de systèmes de refroidissement.

L'art du polissage du riz ne réside pas seulement dans l'exécution technique, mais aussi dans la capacité à determiner le niveau de polissage optimal pour chaque style de saké. Un niveau de polissage plus élevé donne généralement un saké plus propre et plus élégant, car davantage de composants potentiellement incriminés ont été supprimés. Cependant, un degré de polissage plus élevé signifie également une plus grande perte de matière et donc des coûts plus élevés. De plus, un polissage excessif peut rendre le riz trop fragile et se désagréger au cours du processus de brassage ultérieur. Les brasseurs de saké doivent donc soigneusement determiner quel niveau de polissage convient le mieux à leur style de saké spécifique et à la qualité souhaitée.

À mesure que le polissage augmente, la teneur en protéines diminue tandis que la teneur relative en amidon augmente. Cela a un impact direct sur le processus de fermentation et donc sur le goût et l'arôme du saké fini. Une teneur plus faible en protéines se traduit généralement par un goût plus clair et plus propre, tandis qu'une teneur plus élevée en amidon ouvre la voie à une teneur en alcool potentielle plus élevée.

L'efficacité du processus de polissage dépend non seulement de la qualité de la machine à polir, mais également de la nature du riz lui-même. Les grains de riz dotés d'une couche externe dure et d'un noyau mou sont idéaux pour le processus de polissage car ils permettent un traitement uniforme. L'humidité du riz joue également un rôle important. Un riz trop sec peut se briser lors du polissage, tandis qu'un riz trop humide peut avoir tendance à former des grumeaux. De nombreuses brasseries de saké stockent donc leur riz dans des conditions contrôlées afin de garantir une humidité optimale pour le processus de polissage.

Le riz fraîchement poli est délicat et doit être manipulé avec précaution pour éviter tout dommage. De nombreuses brasseries laissent le riz reposer pendant un certain temps après le polissage pour lui permettre de se stabiliser. Pendant cette période de repos, le riz est également capable d'absorber l'humidité de l'air ambiant, ce qui peut être bénéfique pour les étapes ultérieures du processus de brassage.

La technologie de polissage du riz a connu un développement important au cours des dernières décennies. Les machines à polir modernes sont équipées de capteurs et de systèmes informatiques qui permettent un contrôle précis du processus. Ces systèmes peuvent surveiller le niveau de polissage en temps réel et effectuer automatiquement des ajustements pour garantir un résultat cohérent. Certaines machines avancées utilisent même des technologies de reconnaissance d'images pour analyser la forme et la taille de chaque grain de riz et ajuster le processus de polissage en conséquence.

Les brasseurs de saké expérimentés peuvent souvent juger de la qualité du riz poli uniquement par l'inspection visuelle et le toucher. Ils prêtent attention à des facteurs tels que l'uniformité du polissage, la transparence des grains et leur texture. Cette capacité à juger de la qualité du riz poli est un élément essentiel du métier de brasseur de saké et est souvent transmise de génération en génération.

Les fines particules de riz, également connues sous le nom de nuka, sont utilisées de diverses manières dans la cuisine japonaise et dans l'industrie cosmétique. Par exemple, ils sont utilisés pour fabriquer des cornichons, comme ingrédient dans des produits de soins de la peau ou même comme engrais en agriculture. Certaines brasseries de saké innovantes ont également trouvé des moyens d'utiliser ces sous-produits pour générer de l'énergie, contribuant ainsi à la durabilité du processus de production.

L'importance du polissage du riz pour la qualité du saké ne peut être surestimée. Le degré de polissage est l'un des principaux critères de classification du saké. Les catégories de saké les plus élevées, comme le Daiginjo, nécessitent un niveau de polissage d'au moins 50 %, ce qui signifie qu'au moins la moitié du grain de riz d'origine a été polie. Ces variétés de riz hautement polies donnent généralement un saké au goût propre et élégant et à l'arôme distinct. Cependant, un niveau de polissage plus élevé ne signifie pas automatiquement un meilleur saké. De nombreux connaisseurs de saké apprécient également les variétés de saké moins polies, qui peuvent avoir un corps plus corsé et une saveur plus complexe.

Le choix du bon niveau de polissage est également étroitement lié à la notion de « terroir » dans le brassage du saké. Tout comme le vin, l'origine du riz joue un rôle important dans le caractère du saké fini. Certaines régions sont connues pour certains types de riz particulièrement adaptés au polissage. Les brasseurs de saké sélectionnent souvent du riz provenant de régions de culture spécifiques et ajustent le niveau de polissage pour faire ressortir au mieux les propriétés caractéristiques de ce riz.

Les couches externes du grain de riz contiennent des enzymes capables de transformer l'amidon en sucre. La suppression de ces couches réduit l'activité enzymatique, permettant un contrôle plus précis du processus de fermentation. Ceci est particulièrement important pour la production de variétés de saké haut de gamme où une fermentation lente et contrôlée est souhaitée.

Les sélectionneurs travaillent au développement de variétés de riz particulièrement adaptées à des niveaux de polissage élevés. Ces variétés se caractérisent souvent par une répartition concentrée de l'amidon au centre du grain, ce qui permet de broyer une plus grande partie du grain sans perdre l'amidon important pour la production de saké. Le développement de ces variétés de riz spécialisées est un processus continu qui nécessite une collaboration étroite entre les agriculteurs, les sélectionneurs et les brasseurs de saké.

Les acides aminés jouent un rôle important dans le goût et l'arôme du saké. À mesure que le polissage augmente, certains acides aminés concentrés dans les couches externes du grain de riz sont réduits. Cela peut donner lieu à un profil de saveur moins complexe mais également plus pur. Les brasseurs de saké doivent tenir compte de ces changements lors de la planification de leur processus de brassage et peuvent influencer le profil d'acides aminés souhaité dans le saké fini en ajustant de manière ciblée le degré de polissage.

L'efficacité du processus de polissage a également des implications économiques pour la production du saké. Plus le degré de polissage est élevé, plus la perte de matière est importante et plus les coûts de production sont élevés. Pour les variétés de saké haut de gamme présentant des niveaux de polissage très élevés, la perte de matière peut être importante. Cela explique en partie les prix plus élevés des variétés de saké très polies telles que le Daiginjo. Les brasseries de saké doivent donc soigneusement équilibrer le coût du polissage et le niveau de qualité souhaité de leur produit.

Alors que la tendance des dernières décennies a été vers des niveaux de polissage toujours plus élevés, certains brasseurs innovants expérimentent à nouveau des niveaux de polissage plus faibles. Ils soutiennent que les couches externes du grain de riz peuvent contenir des composants aromatiques précieux qui sont perdus en cas de polissage excessif. Ce mouvement a conduit à une nouvelle appréciation des styles de saké plus complexes et plus corsés.

**Le lavage, le trempage et la cuisson à la vapeur**

Après polissage, le riz est lavé et trempé pour le préparer à l'étape suivante, la cuisson à la vapeur. La cuisson à la vapeur est cruciale car elle gonfle le riz et rend l'amidon contenu dans le grain digestible afin qu'il puisse être décomposé par les cultures de fermentation.

La production du saké, le vin de riz traditionnel japonais, est un processus complexe et fascinant qui comporte plusieurs étapes importantes. Trois phases centrales dans la production du saké sont le lavage, le trempage et la cuisson à la vapeur du riz. Ces étapes constituent la base de la fermentation ultérieure et ont une influence significative sur la qualité et le caractère du saké fini. Dans ce texte approfondi, nous examinerons en profondeur ces trois processus et examinerons leur importance dans la production du saké.

Le lavage du riz est la première étape de la préparation de la matière première pour la production du saké. Ce processus sert à éliminer les impuretés, l'excès d'amidon et autres substances indésirables de la surface des grains de riz. Le processus de lavage est crucial car il influence considérablement la qualité du produit final. Le riz soigneusement lavé constitue la base d'un saké pur et équilibré.

Le processus de lavage commence par une sélection minutieuse du riz. La production de saké utilise principalement du riz court, caractérisé par une teneur plus élevée en amidon et une forme plus arrondie. Ces propriétés le rendent particulièrement adapté à la production de saké. Avant le début du processus de lavage proprement dit, le riz est soumis à une inspection détaillée. Les grains endommagés, les impuretés et les corps étrangers sont éliminés afin de créer un point de départ aussi homogène et de qualité que possible.

Le premier cycle de lavage se fait généralement à l'eau froide. Les grains de riz sont placés dans un grand récipient et recouverts d'eau. Ils sont ensuite doucement déplacés avec les mains ou des appareils spéciaux pour détacher les particules de saleté et l'excès d'amidon. L'eau devient trouble à cause des substances dissoutes. Peu de temps après, l'eau trouble est évacuée et remplacée par de l'eau fraîche. Ce processus est répété plusieurs fois jusqu'à ce que l'eau reste claire.

Le nombre de lavages et la durée de l'ensemble du processus de lavage dépendent de divers facteurs, tels que le type de riz, le niveau de polissage souhaité et la qualité du saké souhaitée. Pour les sakés de haute qualité fabriqués à partir de riz hautement poli, le processus de lavage peut être particulièrement minutieux et long. Dans certaines brasseries traditionnelles, le riz est même lavé à la main pour garantir un contrôle optimal du processus.

Lors du lavage, il est important de ne pas trop abîmer les grains de riz. Une manipulation trop brutale pourrait provoquer la rupture des grains ou une abrasion de leur couche externe. Cela affecterait non seulement l'absorption d'eau lors du trempage ultérieur, mais pourrait également conduire à des arômes indésirables dans le saké fini. Le processus de lavage nécessite donc un haut degré de sensibilité et d'expérience.

Les brasseries de saké modernes utilisent souvent des machines à laver spéciales qui automatisent et standardisent le processus. Ces machines sont conçues pour nettoyer en profondeur le riz sans l'abîmer. Ils fonctionnent avec différentes pressions d'eau et intensités de mouvement, qui peuvent être ajustées en fonction du type de riz et du résultat souhaité. Malgré l'automatisation, l'encadrement par des brasseurs de saké expérimentés reste essentiel pour garantir la qualité du processus de lavage.

L'eau constituant une proportion importante du saké fini, sa composition a un impact direct sur le goût et la qualité du produit final. De nombreuses brasseries de saké renommées sont situées dans des régions réputées pour leur eau particulièrement douce et pure. Cette eau est non seulement idéale pour laver le riz, mais contribue également au développement des saveurs caractéristiques et à l'équilibre général du saké.

Après un lavage minutieux, vient la prochaine étape importante dans la production du saké : le trempage du riz. Ce processus sert à fournir au riz la quantité optimale d'eau pour le préparer au processus de cuisson à la vapeur ultérieur. Le trempage est une étape cruciale car la quantité d'eau absorbée a un impact direct sur la fermentation ultérieure et donc sur la qualité du saké.

Le processus de trempage commence immédiatement après le dernier cycle de lavage. Les grains de riz lavés sont placés dans un récipient rempli d'eau froide. La température de l'eau joue un rôle important. Une eau trop chaude pourrait amener le riz à absorber l'eau trop rapidement et de manière inégale, tandis qu'une eau trop froide prolongerait inutilement le processus. En règle générale, on utilise de l'eau dont la température est comprise entre 10 et 15 degrés Celsius.

La durée du trempage varie en fonction du type de riz, du degré de polissage et de la qualité du saké souhaitée. Pour le riz hautement poli utilisé pour le saké de première qualité, le temps de trempage peut être aussi court que quelques minutes, tandis que le riz moins poli destiné aux variétés de saké plus simples peut être trempé pendant plusieurs heures. Le temps exact d'infusion est l'une des nombreuses variables qui déterminent le caractère unique de chaque saké.

Pendant le trempage, les grains de riz absorbent l'eau et gonflent. Ce processus doit être soigneusement surveillé car une absorption d'eau trop faible entraînerait des grains de riz durs qui ne fonctionneront pas bien lors de la cuisson à la vapeur ultérieure. En revanche, consommer trop d'eau pourrait rendre le riz trop mou et perdre sa forme lorsqu'il est cuit à la vapeur. Tous deux auraient des effets négatifs sur le processus de fermentation et donc sur la qualité du saké fini.

Selon le type de riz et le style de saké souhaité, la consommation optimale d'eau se situe entre 25 et 35 pour cent du poids sec du riz. Pour atteindre cette valeur, les brasseurs de saké doivent avoir une compréhension approfondie des propriétés du riz utilisé et de l'influence de facteurs tels que la température et la dureté de l'eau. Dans de nombreuses brasseries, le processus de trempage est surveillé en pesant régulièrement les grains de riz afin de déterminer le moment idéal pour terminer le trempage.

Les couches externes du grain de riz absorbent l'eau plus rapidement que le grain. Cela entraîne une certaine inégalité dans la répartition de l'eau au sein du grain. Pour contrecarrer ce phénomène, de nombreux brasseurs de saké laissent le riz reposer pendant un certain temps après le trempage. Pendant cette phase de repos, l'humidité du grain de riz peut être répartie plus uniformément, ce qui conduit à un résultat plus homogène lors de la cuisson à la vapeur ultérieure.

Le contrôle de l'absorption d'eau pendant le trempage est également important car il a un impact direct sur l'activité enzymatique lors de la fermentation ultérieure. Le riz parfaitement imbibé constitue le terrain idéal pour les moisissures du koji, responsables de la conversion de l'amidon de riz en sucres fermentescibles. Un riz trop sec inhiberait le developpement du koji, tandis qu'un riz trop humide pourrait conduire à une production excessive d'enzymes, ce qui à son tour affecterait négativement le profil aromatique du saké fini.

Certaines brasseries de saké modernes utilisent des systèmes d'infusion contrôlés par ordinateur qui permettent un contrôle précis de la température, du temps d'infusion et de l'absorption d'eau. Ces systèmes peuvent calculer les paramètres d'infusion optimaux sur la base des données des operations de brassage précédentes et des caractéristiques spécifiques du riz utilisé. Malgré ces avancées technologiques, le trempage du riz reste un art qui requiert un haut niveau d'expérience et d'intuition.

Après le trempage, vient la prochaine étape cruciale de la production du saké : la cuisson à la vapeur du riz. Ce processus sert à gélatiniser l'amidon du riz et à le préparer pour une fermentation ultérieure. Contrairement à l'ébullition, où le riz est cuit directement dans l'eau, la cuisson à la vapeur se fait à la vapeur chaude. Cette méthode présente l'avantage que les grains de riz conservent mieux leur forme et développent une texture idéale pour la production de saké.

Le processus de cuisson à la vapeur commence par la préparation du cuiseur vapeur. Les brasseries de saké traditionnelles utilisent souvent de grands fûts en bois ou des récipients métalliques spéciaux percés de trous pour permettre à la vapeur de s'écouler uniformément. Le riz trempé est étalé en fines couches sur des chiffons ou des tamis pour assurer une répartition uniforme de la vapeur. Les brasseries modernes utilisent souvent des systèmes de cuisson à la vapeur automatisés, qui permettent un contrôle précis de la température, de l'humidité et du temps de cuisson à la vapeur.

La durée de la cuisson à la vapeur varie en fonction du type de riz, du niveau de polissage et du style de saké souhaité. Le processus prend généralement entre 30 et 60 minutes. Pendant ce temps, la vapeur chaude pénètre dans les grains de riz et provoque une série de changements physiques et chimiques. L'amidon du riz commence à gélatiniser, le rendant plus accessible aux processus enzymatiques ultérieurs. Dans le même temps, la structure du grain de riz change, il devient plus mou et développe une consistance légèrement collante.

La température lors de la cuisson à la vapeur est un facteur critique. Il doit être suffisamment élevé pour gélatiniser efficacement l'amidon, mais pas trop élevé pour éviter une gélatinisation excessive ou même une brûlure du riz. Généralement, la température de cuisson à la vapeur se situe entre 100 et 105 degrés Celsius. La température exacte et le temps de cuisson à la vapeur sont soigneusement ajustés par les brasseurs de saké en fonction des propriétés spécifiques du riz utilisé et des caractéristiques souhaitées du saké fini.

Pendant la cuisson à la vapeur, il est important d'assurer une répartition uniforme de la vapeur. Dans les cuiseurs à vapeur traditionnels, le riz est souvent disposé en plusieurs fines couches, séparées les unes des autres par des tissus ou des nattes de bambou. Cela permet à la vapeur d'atteindre uniformément tous les grains de riz. Dans certaines brasseries, le riz est également soigneusement retourné lors de la cuisson à la vapeur pour obtenir un traitement à la vapeur encore plus homogène.

Lorsqu'il est cuit à la vapeur, le riz développe un arôme caractéristique légèrement sucré qui diffère sensiblement du riz cuit. Cet arôme est une partie importante du profil aromatique complexe du saké et contribue à l'équilibre global du produit fini.

Après la cuisson à la vapeur, le riz doit être refroidi rapidement pour éviter une gélatinisation supplémentaire et l'amener à la température optimale pour les processus ultérieurs. Dans les brasseries traditionnelles, cela se fait souvent en étalant le riz cuit à la vapeur sur de grandes tables en bois ou des nattes de bambou. Le riz est soigneusement retourné et détaché pour assurer un refroidissement uniforme. Les systèmes modernes utilisent souvent des courroies de refroidissement ou des chambres froides qui permettent un refroidissement rapide et contrôlé.

La texture du riz cuit à la vapeur est un indicateur important de la qualité du processus de cuisson à la vapeur. Idéalement, le riz cuit à la vapeur doit avoir une consistance ferme mais élastique. Il doit être facile à écraser entre vos doigts sans devenir collant ou pâteux. Cette texture est optimale pour la production et la fermentation ultérieures du koji car elle permet aux enzymes et aux levures d'accéder efficacement à l'amidon du riz.

Une partie du riz cuit à la vapeur est utilisée pour faire du koji. Le Koji est du riz inoculé de moisissure Aspergillus oryzae, qui joue un rôle central dans la production de saké. L'amidon gélatinisé par cuisson à la vapeur constitue un terrain fertile pour les champignons koji, qui produisent des enzymes qui convertissent l'amidon en sucres fermentescibles.

**Production de Koji**

Une partie essentielle du brassage du saké consiste à fabriquer du koji, un starter de fermentation appliqué au riz. Le koji est une forme du champignon Aspergillus oryzae qui est pulvérisé sur le riz cuit à la vapeur et convertit l'amidon du riz en sucre. Cette étape nécessite un soin particulier car la température et l'humidité doivent être strictement contrôlées lors de la production du koji afin de créer les meilleures conditions pour la croissance du champignon. Le Koji est crucial pour la douceur et les saveurs que développera le saké.

La fabrication du Koji est un processus fascinant et essentiel dans la production traditionnelle du saké japonais. Ce processus complexe, au cours duquel le riz est cultivé avec un moule spécial, constitue la base des profils gustatifs et aromatiques uniques du vin de riz populaire. L'art de la fabrication du koji remonte loin dans l'histoire japonaise et témoigne de la profonde compréhension des processus de fermentation qui caractérisent la culture japonaise depuis des siècles.

Le Koji, souvent appelé le « Malt de l'Orient », est plus qu'un simple ingrédient : c'est le cœur et l'âme du saké. Le terme « koji » désigne à la fois le riz fermenté et la moisissure elle-même responsable de ce processus. Le nom scientifique du champignon utilisé est Aspergillus oryzae, un micro-organisme qui joue un rôle de premier plan dans la cuisine japonaise et la production de boissons.

L'importance du koji va bien au-delà de la production de saké. Il est également utilisé dans la production d'autres aliments fermentés comme le miso, la sauce soja et divers vinaigres. La polyvalence et l'importance de ce processus soulignent le rôle central de la fermentation dans la cuisine et la culture japonaises.

Le processus de fabrication du koji commence par une sélection minutieuse du riz. En règle générale, du riz de meilleure qualité est utilisé pour la production de koji que pour le reste du processus de brassage du saké. La raison en est le rôle crucial que joue le koji dans la qualité et le caractère du saké fini. Le riz sélectionné est d'abord lavé, trempé et cuit à la vapeur, comme pour la préparation du riz destiné à la production générale de saké. Cependant, le riz destiné à la production de koji nécessite souvent un temps de cuisson à la vapeur légèrement plus long pour obtenir une texture optimale pour la croissance d'Aspergillus oryzae.

Après cuisson à la vapeur, le riz est refroidi rapidement pour atteindre une température idéale pour inoculer les spores de koji. La température est un facteur critique dans ce processus. Elle doit être suffisamment basse pour empêcher la croissance de micro-organismes indésirables, mais suffisamment chaude pour créer des conditions optimales pour le developpement d'Aspergillus oryzae. Généralement, cette température se situe entre 30 et 35 degrés Celsius.

L'inoculation du riz cuit à la vapeur avec les spores du koji est un moment crucial dans la production du koji. Les spores, également connues sous le nom de tane-koji, sont soigneursement saupoudrées sur le riz refroidi. La quantité de spores utilisée est relativement faible – souvent seulement quelques grammes pour cent kilogrammes de riz. La répartition uniforme des spores est de la plus haute importance car elle garantit la croissance uniforme du champignon sur le riz.

Après l'inoculation, la phase de culture proprement dite commence. Le riz inoculé est placé dans des pièces ou chambres spéciales appelées koji-muro. Ces salles sont soigneusement climatisées pour créer des conditions optimales pour la croissance d'Aspergillus oryzae. La température et l'humidité de ces pièces sont constamment surveillées et ajustées pour obtenir le meilleur résultat possible.

Cultiver le koji est un processus qui demande beaucoup d'expérience et de sensibilité. Durant les 36 à 48 heures qui suivent, le riz doit être retourné et aéré régulièrement. Ce procédé, appelé « Kirikaeshi », est conçu pour assurer une répartition uniforme de l'humidité et des spores fongiques. Il empêche également la formation de grumeaux et assure un apport optimal d'oxygène au champignon en croissance.

Au cours de ce processus, Aspergillus oryzae commence à se multiplier sur et dans les grains de riz. Le champignon produit diverses enzymes, notamment des amylases, qui sont cruciales pour la conversion ultérieure de l'amidon de riz en sucres fermentescibles. Le développement de ces enzymes est un processus biochimique complexe qui est fortement influencé par des facteurs tels que la température, l'humidité et la durée de culture.

Au cours de la croissance d'Aspergillus oryzae, l'apparence du riz change considérablement. La surface des grains de riz commence à se recouvrir d'un mycélium blanc et duveteux. Ce mycélium est la croissance végétative du champignon et constitue un signe visible de la progression du processus de culture. Un fabricant de koji expérimenté peut évaluer l'état d'avancement du processus et si des ajustements sont nécessaires en fonction de l'apparence, de l'odeur et de la texture du koji.

L'odeur du koji en développement est un autre indicateur important de l'avancement et de la qualité du processus. Un koji bien développé dégage un parfum caractéristique, agréablement sucré et légèrement noiseté. Cette odeur est le résultat de processus biochimiques complexes qui ont lieu pendant la culture et contribue ensuite au profil aromatique unique du saké fini.

La durée de la culture du koji varie en fonction du résultat final souhaité et peut aller de 36 à 72 heures. La durée exacte est déterminée par les brasseurs de saké en fonction de leur expérience et des exigences spécifiques du type de saké produit. Des temps de culture plus longs conduisent généralement à une production plus élevée d'enzymes, ce qui à son tour a un impact sur le processus de fermentation et, finalement, sur le goût et la texture du saké fini.

Vers la fin du processus de culture, le koji atteint un état appelé « brume ». A ce stade, le mycélium d'Aspergillus oryzae s'est développé de manière optimale et la production d'enzymes a atteint son apogée. Le koji fini a une texture légèrement collante et une odeur intense et caractéristique. Les grains de riz sont recouverts d'une couche blanche et pelucheuse qui, en y regardant de plus près, présente une texture fine et poudrée.

Le contrôle qualité du koji fini est une étape cruciale du processus de fabrication. Les fabricants de koji expérimentés évaluent le produit sur la base de divers critères sensoriels tels que l'apparence, l'odeur, la texture et le goût. De plus, des tests microbiologiques et enzymatiques sont souvent effectués pour déterminer la qualité et l'activité du koji. Ces analyses permettent de garantir la cohérence et la qualité du koji d'un lot à l'autre.

Une fois la culture terminée, le koji fini doit être refroidi rapidement pour arrêter le développement ultérieur du champignon. Cela se fait souvent en étalant le koji en fines couches ou en utilisant des chambres froides spéciales. Un refroidissement rapide est important pour maintenir l'activité enzymatique au niveau souhaité et éviter des modifications indésirables.

La conservation du koji fini nécessite un soin particulier. Généralement, il est stocké à basse température pour préserver l'activité enzymatique et empêcher la croissance de micro-organismes indésirables. Selon le calendrier de production de la brasserie, le koji est soit utilisé immediatement pour l'étape suivante de la production de saké, soit stocké pendant une courte période.

Le rôle du koji dans la production du saké va bien au-delà de la simple fourniture d'enzymes. Il contribue de manière significative au profil gustatif et aromatique du saké fini. Les enzymes produites lors de la production du koji, en particulier les amylases, sont responsables de la conversion de l'amidon de riz en sucres fermentescibles. Ce processus, appelé saccharification, est crucial pour la fermentation et donc la production d'alcool du saké.

De plus, le koji produit une variété d'autres substances qui influencent le profil aromatique du saké. Ceux-ci incluent divers acides aminés qui contribuent à la note umami du saké, ainsi que des peptides et d'autres composants aromatiques. La composition exacte de ces substances dépend de divers facteurs, notamment du type de riz utilisé, des conditions de culture et de la durée du processus.

L'art de la production de koji réside dans le contrôle précis de tous les facteurs d'influence afin de produire un produit parfaitement adapté au style de saké souhaité. Différents styles de saké nécessitent différents types de koji. Pour les sakés légers et frais, un koji avec une activité enzymatique plus faible est souvent utilisé, tandis que pour des types de saké plus complets et plus complexes, un koji avec une activité enzymatique plus élevée est préféré.

Alors que des types spéciaux de riz à saké sont souvent utilisés pour la production générale de saké, le riz de table est parfois également utilisé pour la production de koji. La raison en est que les besoins en grains de riz pour la culture du koji sont différents de ceux pour la fermentation directe.

Le choix de la variété de riz pour la production de koji influence non seulement l'efficacité du processus de culture, mais également les propriétés du koji fini et, finalement, le caractère du saké. Les variétés de riz avec une teneur plus élevée en protéines peuvent donner un koji qui produit plus d'acides aminés, ce qui peut donner lieu à un saké plus corsé et plus complexe. D'un autre côté, les variétés de riz à faible teneur en protéines peuvent contribuer à un saké plus léger et plus élégant.

La sélection et le soin des souches d'Aspergillus oryzae sont particulièrement importants pour la production de koji. De nombreuses brasseries de saké cultivent et entretiennent leurs propres variétés de champignons, souvent transmises de génération en génération. Ces souches spécifiques contribuent au caractère unique et au profil aromatique distinctif du saké d'une brasserie particulière.

Le soin et la propagation des souches d'Aspergillus oryzae sont une science en soi. Les spores fongiques sont cultivées et multipliées dans des conditions strictement contrôlées. Une grande importance est accordée à la pureté et à la stabilité génétique des souches. Des examens microbiologiques réguliers garantissent que les cultures sont exemptes de contamination et de mutations indésirables.

Dans certains cas, les brasseries de saké travaillent également avec des laboratoires spécialisés dans le développement et la fourniture de souches d'Aspergillus oryzae de haute qualité. Ces laboratoires utilisent des méthodes biotechnologiques modernes pour créer des variétés présentant des caractéristiques spécifiques adaptées aux besoins de styles de saké particuliers.

L'importance de la fabrication du koji dans la culture japonaise va bien au-delà des aspects techniques. Dans de nombreuses brasseries de saké traditionnelles, la fabrication du koji est considérée comme une sorte de processus spirituel. La salle du koji, ou koji-muro, est souvent considérée comme le « cœur » de la brasserie, et de nombreux maîtres brasseurs passent une grande partie de leur temps à surveiller et à maintenir la progression du koji.

Certaines brasseries ont même des rituels et des traditions spéciales associées à la production de koji. Cela peut inclure de prier pour une croissance réussie du koji ou d'accrocher des porte-bonheur dans la salle du koji. Ces pratiques mettent en évidence la profonde signification culturelle du processus de fabrication du koji dans la tradition japonaise du saké.

La production de Koji nécessite non seulement des connaissances techniques et de l'expérience, mais aussi un haut niveau d'intuition et de sensibilité. Les fabricants de koji expérimentés développent une sensation presque instinctive du processus au fil des années. Vous pouvez juger si des ajustements de température, d'humidité ou de ventilation sont nécessaires en fonction de changements subtils dans l'odeur, la texture et l'apparence du koji.

Cette capacité à « lire » le processus et à réagir en conséquence est très appréciée au Japon et est souvent considérée comme une forme d'art. Les meilleurs fabricants de koji sont très respectés dans l'industrie du saké et sont souvent appelés « maîtres du koji ». Leurs compétences et connaissances sont traditionnellement transmises de génération en génération à travers des années de pratique et d'enseignement.

**Fermentation (Moromi)**

Le processus de fermentation proprement dit commence lorsque le riz traité au koji est mélangé avec de l'eau et du riz supplémentaire dans de grands récipients. Ce processus en plusieurs étapes, connu sous le nom de Sandan Shikomi, se déroule sur plusieurs jours. Durant cette phase, les levures transforment le sucre en alcool. Au cours de ce processus, la température et la durée sont étroitement surveillées pour obtenir le bon équilibre entre saveurs et teneur en alcool.

La fermentation, également connue sous le nom de phase Moromi, est un processus fascinant et complexe qui est au cœur de la production du saké. À cette étape cruciale, un mélange de riz, d'eau, de koji et de levure est transformé en une boisson savoureuse et alcoolisée que nous appelons le saké. La fermentation du Moromi est un chef-d'œuvre de la microbiologie, dans lequel divers processus biochimiques se déroulent en parallèle et doivent être soigneusement contrôlés pour obtenir la qualité souhaitée et le goût caractéristique du saké.

La phase Moromi commence après la production du koji et constitue l'étape la plus longue et peut-être la plus complexe de tout le processus de brassage du saké. Cela peut prendre de 18 à 32 jours selon le style de saké souhaité, bien que certaines variétés spécifiques puissent nécessiter des temps de fermentation encore plus longs. Pendant ce temps, le mélange de riz subit une série de changements chimiques et biologiques qui sont en grande partie responsables du développement de l'arôme, de la saveur et de la teneur en alcool du saké fini.

Le terme « Moromi » fait référence à la purée en fermentation, composée de riz, d'eau, de koji et de levure. Contrairement à de nombreuses autres boissons alcoolisées, dans lesquelles la conversion de l'amidon en sucre (saccharification) et la conversion du sucre en alcool (fermentation alcoolique) se déroulent en étapes distinctes, dans la production du saké, ces processus se déroulent en parallèle. Cette méthode unique est appelée « fermentation parallèle multiple » et constitue une caractéristique clé de la production de saké.

La préparation du moromi commence par la préparation de ce qu'on appelle le « shubo » ou « moto », qui peut être appelé levain ou levain. Le Shubo est une petite quantité de mélange de riz fermenté qui contient une forte concentration de cellules de levure actives. La fabrication du shubo est une étape cruciale car elle constitue la base de toute la fermentation et a un impact significatif sur le caractère du saké fini.

Il existe différentes méthodes de fabrication du shubo qui ont évolué au fil des siècles. La méthode la plus traditionnelle est la méthode "Kimoto", où les bactéries lactiques se developpent naturellement dans le mélange et préparent l'environnement à la multiplication des levures de saké. Cette méthode prend du temps et demande beaucoup de travail, mais confère souvent au saké une complexité et une profondeur particulières.

Une méthode plus moderne et couramment utilisée est la méthode "Sokujo", dans laquelle de l'acide lactique est ajouté directement au mélange pour créer rapidement les conditions propices à la croissance des levures. Cette méthode est plus efficace et permet un meilleur contrôle du processus, ce qui donne des résultats plus cohérents.

Quelle que soit la méthode choisie, l'objectif de la production de shubo est de créer une culture de levure robuste et active capable d'effectuer efficacement la fermentation principale. La levure joue un rôle crucial dans le développement du goût et de l'arôme du saké, c'est pourquoi le choix de la souche de levure et sa culture minutieuse sont de la plus haute importance.

Une fois le Shubo préparé, la phase Moromi proprement dite commence. Cela se déroule généralement en trois étapes, appelées « Sandan-Shikomi » ou « file d'attente en trois étapes ». Cette méthode est utilisée pour acclimater progressivement les cellules de levure à des concentrations plus élevées de riz et de koji et créer un environnement de fermentation optimal.

Lors de la première étape, appelée « hatsuzoe », une petite quantité de riz cuit à la vapeur, de koji et d'eau sont ajoutés au shubo. Ce mélange est conservé à température contrôlée pendant environ une journée pour permettre aux cellules de levure de se multiplier et de s'adapter au nouvel environnement.

La deuxième étape, baptisée « Nakazoe », a lieu le deuxième jour. Ici, une plus grande quantité de riz, de koji et d'eau est ajoutée au mélange existant. Cela augmente la concentration en nutriments et favorise la croissance de la population de levures.

La troisième et dernière étape, « Tomezoe », a lieu le troisième ou le quatrième jour. C'est là que la plus grande quantité de riz, de koji et d'eau est ajoutée pour former le mélange final de moromi. À partir de ce moment commence la phase principale de fermentation, qui peut durer entre deux et quatre semaines selon le style de saké souhaité.

Au cours de la fermentation principale, plusieurs processus biochimiques se déroulent en parallèle. Les enzymes du koji, en particulier les amylases, décomposent continuellement l'amidon du riz en sucres fermentescibles. Dans le même temps, la levure transforme ces sucres en alcool et en divers composants aromatiques. Cette saccharification et fermentation simultanées sont une caractéristique unique de la production de saké et contribuent de manière significative à la complexité et à la profondeur de la saveur.

Le contrôle de la température de fermentation est un aspect critique de la phase Moromi. La température optimale varie en fonction du style de saké souhaité, mais se situe généralement entre 10 et 20 degrés Celsius. Des températures plus basses entraînent une fermentation plus lente, ce qui donne souvent un saké plus élégant et plus délicat. Des températures plus élevées accélèrent le processus, mais peuvent également donner lieu à des saveurs plus fortes et plus complètes.

Pendant la fermentation, le moromi doit être remué régulièrement. Ce procédé, appelé « Kaiire », permet de répartir uniformément la température, d'introduire de l'oxygène dans le mélange et d'améliorer le contact entre les cellules de levure et les nutriments. Le brassage est généralement effectué deux fois par jour, bien que la fréquence et l'intensité puissent varier en fonction de la brasserie et du style de saké souhaité.

La surveillance du processus de fermentation nécessite une grande expérience et une grande attention. Les brasseurs de saké expérimentés, également connus sous le nom de toji, surveillent attentivement des facteurs tels que la température, la densité, l'acidité et la concentration en alcool du moromi. Ils utilisent à la fois des méthodes traditionnelles et des équipements analytiques modernes pour évaluer l'avancement de la fermentation et procéder à des ajustements si nécessaire.

La formation d'acides, notamment d'acide lactique, joue un rôle important dans le goût et la stabilité du saké. L'acidité est mesurée régulièrement et peut être influencée en ajustant les conditions de fermentation.

Le contrôle de la teneur en alcool est tout aussi important. Durant la fermentation, la teneur en alcool du moromi augmente continuellement. La plupart des sakés ont une teneur finale en alcool comprise entre 15 et 20 pour cent, bien que certaines variétés spécifiques puissent avoir des valeurs plus ou moins élevées. Contrôler avec précision la teneur en alcool nécessite un équilibre minutieux entre la production de sucre par les enzymes koji et la production d'alcool par la levure.

Au cours du processus, la levure produit non seulement de l'alcool, mais également une variété de composants aromatiques. Ceux-ci comprennent des alcools supérieurs, des esters et d'autres composés volatils, qui contribuent de manière significative au profil aromatique complexe du saké. La composition exacte de ces aromatiques dépend de facteurs tels que la souche de levure utilisée, la température de fermentation et la durée du processus.

La phase Moromi est également celle où se développent les profils aromatiques caractéristiques des différents styles de saké. Le saké Ginjo et Daiginjo, qui sont fabriqués à partir de riz hautement poli, subissent généralement une fermentation plus longue et plus froide, ce qui donne une saveur plus légère et plus élégante. Les sakés Junmai fabriqués à partir de riz moins poli peuvent subir une fermentation plus courte et plus chaude, ce qui donne une saveur plus complète et plus robuste.

Divers sous-produits se forment également lors de la fermentation, ce qui peut influencer le caractère du saké. L'un d'eux est la glycérine, qui contribue à la viscosité et à la douceur du saké. La quantité de glycérine produite peut être influencée par le choix de la souche de levure et les conditions de fermentation.

Un autre sous-produit est l'acide succinique, qui contribue à la saveur umami du saké. La formation d'acide succinique est également influencée par les conditions de fermentation et la levure utilisée. L'équilibre entre les différents acides, alcools et autres composants aromatiques est crucial pour la qualité et le caractère du saké fini.

Vers la fin de la fermentation, le moromi commence à se décanter. Les composants solides coulent lentement au fond tandis que la phase liquide contenant le futur saké devient plus claire. Ce processus est appelé « orisage » et est le signe que la fermentation touche à sa fin.

Dans certains cas, de l'alcool supplémentaire peut être ajouté au moromi pendant la phase de fermentation tardive. Cette pratique, appelée « Arukoru Tenka », est utilisée sur certains styles de saké pour augmenter la teneur en alcool et extraire certains arômes. Il est important de noter que tous les types de saké n'incluent pas cet ajout d'alcool – le saké Junmai, par exemple, est fabriqué exclusivement par fermentation naturelle.

La durée de la fermentation du Moromi varie en fonction du style de saké souhaité. Pour les types de saké plus simples, le processus peut être complété en 18 à 25 jours environ. Les sakés haut de gamme comme le Ginjo ou le Daiginjo subissent souvent une fermentation plus longue de 30 jours ou plus. Ce temps de fermentation plus long permet de développer les saveurs complexes qui caractérisent ces sakés de grande qualité.

Les systèmes sensoriels jouent un rôle important tout au long de la phase Moromi. En plus d'utiliser des mesures techniques, les brasseurs de saké expérimentés s'appuient également largement sur leurs sens pour évaluer la progresssion de la fermentation. L'odeur du Moromi renseigne sur l'activité de la levure et le développement des arômes. La texture et l'apparence du mélange renseignent sur la progression de la conversion de l'amidon et sur la santé globale de la fermentation.

Un aspect intéressant de la fermentation Moromi est la formation de mousse à la surface du mélange. Cette mousse, appelée « awa », est un sous-produit naturel de l'activité des levures. La quantité, la texture et la couleur de la mousse peuvent donner aux brasseurs expérimentés des indices importants sur l'état de la fermentation.

Même si l'environnement acide et l'augmentation du taux d'alcool éloignent de nombreuses bactéries potentiellement nocives, il est important de maintenir des mesures d'hygiène strictes pour éviter toute contamination. Des tests microbiologiques réguliers permettent de contrôler la pureté de la fermentation.

La fermentation du Moromi est également le moment où les profils d'acides aminés du saké se développent. Les acides aminés contribuent non seulement à la saveur, en particulier à la saveur umami, mais influencent également la texture et la sensation en bouche du saké fini. La quantité et le type d'acides aminés formés dépendent de facteurs tels que la variété de riz, le degré de polissage, la production de koji et les conditions de fermentation.

Ce qu'il convient de noter au cours de la phase Moromi, c'est le développement de ce que l'on appelle le « diamant de saké » ou « bijou de saké ». Ce sont des cristaux d'hydrogénotartrate de potassium qui se forment parfois lors de la fermentation ou du stockage. Ces cristaux sont inoffensifs et sont souvent considérés comme le signe d'un saké bien vieilli, bien que dans la production de saké moderne, ils soient souvent éliminés par traitement à froid.

Le contrôle de l'osmolalité pendant la fermentation du Moromi est un autre aspect important. L'osmolalité affecte l'activité des cellules de levure et peut avoir un impact sur la vitesse et l'efficacité de la fermentation. Les brasseurs de saké expérimentés surveillent attentivement ce paramètre et effectuent les ajustements nécessaires pour garantir des conditions optimales pour la levure.

Ces alcools supérieurs sont formés comme sous-produits du métabolisme de la levure et peuvent contribuer en petites quantités au profil aromatique du saké. Cependant, à des concentrations trop élevées, ils peuvent provoquer des notes gustatives indésirables. Le contrôle de la formation d'huile de fusel se fait principalement par le choix de la souche de levure et le contrôle des conditions de fermentation.

La phase Moromi offre également un espace d'innovation et d'expérimentation. Certains brasseurs de saké expérimentent différentes souches de levure ou même des mélanges de différentes levures pour créer des profils de saveurs uniques. D'autres explorent l'influence de différentes températures ou durées de fermentation sur le caractère du saké.

La fermentation Moromi offre aux brasseries de saké d'aujourd'hui la possibilité de développer de nouveaux styles de saké. Un exemple de ceci est le « Nama-Zake » ou saké non pasteurisé. Dans ce style, la fermentation est arrêtée précocement et le saké est mis en bouteille sans pasteurisation. Il en résulte un goût plus frais et plus vif, mais nécessite des précautions particulières lors du stockage et du transport.

La fermentation du Moromi offre ainsi une marge de développement de styles de saké régionaux. Différentes régions du Japon ont développé leurs propres méthodes et préférences traditionnelles, qui se reflètent dans la manière dont elles réalisent la phase Moromi. Par exemple, certaines régions ont tendance à avoir des fermentations plus longues et plus froides, tandis que d'autres préfèrent des processus plus chauds et plus rapides. Ces différences régionales contribuent à la riche diversité de la culture japonaise du saké.

Traditionnellement, le saké était brassé principalement en hiver, lorsque les températures plus fraîches permettaient un meilleur contrôle du processus de fermentation. Bien que la technologie moderne permette de produire du saké toute l'année, de nombreuses brasseries tiennent toujours compte des facteurs saisonniers dans leur processus de brassage.

La fermentation du Moromi offre également l'opportunité d'élaborer des sakés aux caractéristiques particulières. Un exemple de ceci est le « Nigori Sake », où certaines particules de riz sont intentionnellement laissées dans le produit fini. Cela nécessite un contrôle minutieux de la fermentation pour garantir que les particules en suspension confèrent la texture et la saveur souhaitées sans troubler ni affecter le saké.

Un aspect intéressant de la phase Moromi est le développement du « koji-aji » ou goût koji. Cela fait référence aux saveurs complexes créées par l'activité enzymatique du koji pendant la fermentation. Le Koji-Aji contribue de manière significative à la profondeur et à la complexité de la saveur du saké et est particulièrement apprécié des connaisseurs.

Certaines brasseries expérimentent l'enrichissement de certains nutriments ou composés bioactifs pendant la fermentation. Par exemple, des tentatives ont été faites pour augmenter les niveaux d'acide gamma-aminobutyrique (GABA), une substance censée avoir des effets réducteurs de stress.

Durant la phase Moromi, l'élaboration du « saké-kasu » ou marc de saké est intéressante. C'est le résidu solide qui reste après avoir pressé le moromi fermenté. Bien que traditionnellement considéré comme un sous-produit, le saké kasu est de plus en plus apprécié comme ingrédient précieux dans la cuisine japonaise et est utilisé dans divers plats et marinades.

Un autre aspect est le développement du goût umami. L'umami, souvent appelé le « cinquième sens du goût », joue un rôle important dans le profil aromatique du saké. La formation de composants umami tels que l'acide glutamique est influencée par l'activité enzymatique du koji et le métabolisme de la levure et peut être optimisée en contrôlant les conditions de fermentation.

La fermentation Moromi offre également l'opportunité d'élaborer des sakés aux caractéristiques esthétiques particulières. Un exemple en est le « saké Hana » ou saké aux fleurs, où des pétales de fleurs sont ajoutés pendant la fermentation. Cela confère non seulement au saké un subtil arôme floral, mais également une légère coloration qui peut varier selon la fleur utilisée.

Certaines brasseries expérimentent différentes conditions de fermentation et souches de levure pour produire du saké particulièrement bien adapté au stockage à des températures plus élevées. Ces « Sakés résistants à la chaleur » peuvent également être conservés à température ambiante sans perdre rapidement en qualité.

D'autres brasseries expérimentent cependant l'ajout de certains minéraux ou oligo-éléments lors de la fermentation pour produire un saké particulièrement adapté à un long vieillissement. Ces « sakés enrichis en minéraux » peuvent subir des évolutions aromatiques intéressantes au cours du stockage.

Mais le développement de sakés dotés de caractéristiques de couleur particulières est également testé. Un exemple en est « Akaisake » ou saké rouge. Ce type de saké rare utilise un champignon koji rouge spécial pendant la fermentation, ce qui donne au saké une couleur rougeâtre caractéristique.

**Pressage, filtrage et pasteurisation**

Une fois la fermentation terminée, le saké est séparé des parties solides du riz par pressage. En fonction du produit final souhaité, le saké peut être filtré pour éliminer les particules indésirables. Le saké de haute qualité est souvent peu filtré pour préserver les saveurs originales. Vient ensuite la pasteurisation, au cours de laquelle le saké est chauffé pour le rendre stable et tuer les micro-organismes nuisibles. Cependant, certains types de saké, comme le Nama-Zake, ne sont pas pasteurisés, ce qui leur confère un profil de saveur frais et vibrant.

Commençons par le pressage, étape fondamentale dans la production du saké. Après fermentation on obtient une masse appelée « Moromi ». Celui-ci consiste en un mélange de liquide – le saké lui-même – et de composants solides tels que des particules de riz et des cellules de levure. Le but du pressage est de séparer ces deux composants l'un de l'autre et d'extraire autant que possible le précieux liquide.

Il existe différentes méthodes pour réaliser ce processus de pressage qui ont évolué au fil des siècles. Une technique traditionnelle est ce qu'on appelle le « Funa-Shibori ». Dans cette méthode, le moromi est mis dans des sacs en coton, qui sont ensuite placés dans une grande presse en bois. Le liquide est expulsé des sacs en appliquant lentement une pression. Ce processus peut prendre plusieurs jours et nécessite beaucoup de compétences et d'expérience pour trouver le bon équilibre entre pression et temps. Une pression trop forte peut libérer des arômes indésirables des composants solides, tandis qu'une pression trop faible entraîne un faible rendement.

Une autre méthode de pressage devenue plus importante au cours des dernières décennies est l'utilisation de centrifugeuses. Le Moromi est placé dans un tambour à rotation rapide. La force centrifuge sépare les composants liquides et solides les uns des autres. Cette méthode est particulièrement douce et peut donner lieu à des variantes de saké très nettes. Cependant, elle est techniquement exigeante et nécessite un équipement particulier.

Quelle que soit la méthode de pressage que vous choisissez, il est crucial de choisir le bon moment pour presser. S'il est pressé trop tôt, le saké peut avoir un goût immature et déséquilibré. Si vous attendez trop longtemps, des arômes indésirables peuvent se développer. Déterminer le temps de pressage optimal est un art en soi et nécessite des années d'expérience et une compréhension approfondie du processus de fermentation.

Après le pressage, l'étape de filtrage suit généralement. Bien que la plupart des composants solides aient été éliminés lors du pressage, le saké contient toujours de fines particules qui peuvent provoquer un trouble. La filtration est utilisée pour éliminer ces particules et obtenir un saké clair et pur.

Il existe différentes techniques de filtration utilisées en fonction du produit final souhaité. Une méthode simple consiste à utiliser des chiffons ou des sacs filtrants. Le saké pressé passe à travers ces matériaux, les pores fins retenant les particules. Cette méthode est relativement peu coûteuse et facile à mettre en œuvre, mais peut prendre du temps pour de plus grandes quantités.

Les systèmes de filtration plus avancés fonctionnent avec des matériaux filtrants spéciaux tels que le charbon actif ou la terre de diatomées. Ces matériaux ont une énorme surface et peuvent éliminer même les plus petites particules du saké. Cependant, l'utilisation de tels matériaux nécessite une grande prudence car ils peuvent affecter le goût du saké s'ils sont mal utilisés.

Une méthode de filtration particulièrement douce consiste à utiliser des filtres à membrane. Le saké est pressé à travers des membranes extrêmement fines dont les pores sont si fins qu'ils peuvent retenir même les particules microscopiques. Cette méthode permet un contrôle très précis du niveau de filtration et est souvent utilisée pour des sakés de grande qualité.

Il est important de comprendre que le niveau de filtration a un impact significatif sur le caractère du saké fini. Un saké fortement filtré est généralement perçu comme clair et pur, mais peut également perdre en complexité et en profondeur. Les versions moins fortement filtrées conservent davantage les saveurs et les textures d'origine, mais peuvent également être moins stables et vieillir plus rapidement.

Ces dernières années, on a observé une tendance vers des types de saké moins filtrés. Le saké dit « Nigori », dans lequel certaines particules de riz sont délibérément laissées dans la boisson, devient de plus en plus populaire. Ces variantes offrent une texture intéressante et une expérience gustative plus complète, mais nécessitent également une manipulation et un stockage différents de ceux des variétés de saké clair.

Après le filtrage, le processus de pasteurisation suit dans de nombreux cas. La pasteurisation est une étape cruciale pour garantir la durée de conservation et la stabilité du saké. Cela consiste à chauffer le saké pendant une courte période pour tuer tous les micro-organismes susceptibles d'être présents et arrêter l'activité enzymatique qui pourrait modifier le goût du saké au fil du temps.

La méthode traditionnelle de pasteurisation, connue sous le nom de « Hi-Ire », a été développée au XVIe siècle. Le saké est versé dans des bouteilles ou des récipients spéciaux puis immergé dans l'eau chaude. La température et la durée de ce processus varient en fonction du résultat souhaité et du type de saké, mais se situent généralement entre 60 et 65 degrés Celsius pendant environ 10 à 20 minutes.

Les brasseries de saké modernes utilisent souvent des techniques de pasteurisation plus avancées. Les échangeurs de chaleur à plaques permettent de chauffer et de refroidir le saké rapidement et efficacement. Cette méthode offre un meilleur contrôle sur le processus et peut être plus douce pour le produit. Certaines brasseries expérimentent également la pasteurisation à court terme et à haute température, qui consiste à chauffer le saké à des températures très élevées pendant quelques secondes.

Il est important de souligner que tous les sakés ne sont pas pasteurisés. Certaines variantes, comme le "Nama Sake", sont volontairement laissées non pasteurisées afin de préserver certaines saveurs et une fraîcheur particulière. Cependant, ces types de saké nécessitent une manipulation soigneuse et doivent généralement être stockés et transportés au réfrigérateur.

La décision de savoir si et comment un saké est pasteurisé a un impact significatif sur son profil aromatique et sa durée de conservation. Le saké pasteurisé est généralement plus stable et peut être conservé plus longtemps sans modifier signifycativement sa saveur. Le saké non pasteurisé, en revanche, offre souvent des saveurs plus fraîches et plus vibrantes, mais vieillit plus vite et peut être plus sensible aux fluctuations de température.

Certaines brasseries pasteurisent le saké deux fois. La première pasteurisation a lieu directement après filtration, la seconde après la mise en bouteille. Cette double pasteurisation vise à garantir une stabilité particulièrement élevée, mais peut également provoquer de subtiles modifications du profil gustatif.

La combinaison du pressage, du filtrage et de la pasteurisation constitue la base de la production du saké et a une énorme influence sur la qualité et le caractère du produit final. Chacune de ces étapes laisse place à la variation et à l'expérimentation, contribuant ainsi à la grande variété de styles de saké que l'on trouve aujourd'hui sur le marché.

Il est intéressant de voir comment les techniques traditionnelles ont évolué au fil du temps. Alors que certaines brasseries s'en tiennent à des méthodes éprouvées, d'autres intègrent des technologies modernes pour accroître l'efficacité et la précision. Ce mélange de tradition et d'innovation est caractéristique de l'industrie du saké et contribue à maintenir la pertinence et l'intérêt de la boisson dans le monde moderne.

Les subtilités du pressage, du filtrage et de la pasteurisation sont importantes non seulement pour les producteurs de saké, mais aussi pour les consommateurs et les amateurs. Une compréhension plus approfondie de ces processus peut enrichir l'expérience de dégustation et accroître l'appréciation du savoir-faire derrière chaque bouteille de saké.

Lors du pressage, par exemple, le choix de la méthode peut créer des différences subtiles dans la sensation en bouche et l'intensité de la saveur du saké. Un saké pressé traditionnellement peut avoir une certaine rusticité et complexité, tandis qu'un saké centrifugé est souvent perçu comme plus pur et plus concentré. Pour le consommateur, connaître ces différences peut faciliter le choix du saké adapté à une occasion ou à un plat particulier.

La filtration joue un rôle crucial dans l'apparence visuelle et la texture du saké. Un saké limpide et fortement filtré peut être idéal pour les occasions formelles ou pour accompagner des plats légers et subtils. Un saké moins filtré ou même trouble, en revanche, peut être un choix intéressant pour les connaisseurs qui aiment expérimenter ou peut être un bon accompagnement pour des plats plus forts.

Comprendre la pasteurisation peut aider les connaisseurs à déterminer le stockage approprié et le moment optimal pour déguster un saké. Le saké Nama non pasteurisé doit généralement être consommé rapidement pour mettre pleinement en valeur ses saveurs fraîches et vibrantes. Les versions pasteurisées, en revanche, peuvent souvent être conservées plus longtemps, certaines variétés bénéficiant même d'une certaine période de maturation.

La complexité de ces processus met également en évidence l'importance des sommeliers de saké et des experts en gastronomie. Leur connaissance des différentes méthodes de production et de leurs effets sur le goût leur permet de prodiguer des conseils avisés aux convives et de créer des accords saké-aliments parfaits.

Pour les brasseurs amateurs et les expérimentateurs amateurs, les étapes de pressage, de filtrage et de pasteurisation offrent des opportunités passionnantes d'expérimenter la fabrication du saké. Bien que fabriquer du saké de haute qualité à la maison soit un défi, des versions simples de ces techniques peuvent être reproduites pour développer une compréhension de base du processus.

Dans la production professionnelle de saké, le contrôle qualité lors de ces étapes est crucial. Les brasseries modernes utilisent souvent des équipements analytiques sophistiqués pour surveiller en permanence des paramètres tels que la teneur en alcool, l'acidité et la teneur en acides aminés. Ces données aident les brasseurs à déterminer le moment optimal pour chaque étape de production et à garantir une qualité constante.

**La maturation du saké**

Après pasteurisation, le saké mûrit pendant plusieurs mois pendant lesquels les arômes continuent de se développer et de s'affiner. Le temps de maturation peut varier en fonction de la variété, certains sakés étant conservés plus longtemps pour obtenir un profil aromatique plus complexe.

Le vieillissement est un processus très complexe dans la production du saké, qui contribue de manière significative au développement du goût et de l'arôme uniques de cette boisson traditionnelle japonaise. Contrairement à de nombreuses autres boissons alcoolisées, où la maturation peut souvent prendre des années, voire des décennies, la maturation du saké est généralement un processus relativement court mais néanmoins crucial pour la qualité du produit final.

La maturation du saké commence immédiatement après la fermentation et se poursuit tout au long du stockage. Pendant cette période, le saké subit une série de changements chimiques et physiques qui affectent son profil aromatique, sa texture et son arôme. Il est important de comprendre que vieillir le saké n'est pas la même chose que vieillir le vin ou le whisky. Alors que de nombreux vins et spiritueux gagnent en complexité et en valeur grâce à un long stockage, le saké vise généralement une maturation plus courte et contrôlée.

Le processus de maturation du saké peut être divisé en différentes phases, chacune avec ses propres défis et particularités. La première phase commence immédiatement après la fermentation et est souvent appelée « phase jungsake ». Pendant ce temps, le saké est encore rugueux et déséquilibré, avec des notes d'alcool clairement perceptibles et une certaine acidité dans le goût. Cette phase peut durer de quelques semaines à plusieurs mois, selon le style de saké et la méthode de production.

Des processus biochimiques importants ont lieu pendant la phase jeune du saké. Les enzymes actives pendant la fermentation poursuivent leur travail et décomposent davantage les sucres et les acides aminés restants. Cela conduit à un raffinement du goût et à un arrondi de l'arôme. Dans le même temps, différents composants aromatiques commencent à se combiner et à s'harmoniser, ce qui donne un meilleur équilibre au saké.

Un aspect critique dans cette phase précoce de maturation est le contrôle de la température. La plupart des brasseries de saké stockent le saké fraîchement fermenté à basse température, souvent proche du point de congélation. Cette chambre froide permet de ralentir les réactions chimiques indésirables et de préserver la fraîcheur du saké. Il permet en même temps un développement doux et maîtrisé des arômes.

Après la phase jeune du saké, le saké entre dans une phase de stabilisation. Pendant ce temps, les différents composants aromatiques commencent à se combiner en un tout cohérent. La netteté et la rugosité initiales laissent place à une structure plus douce et plus équilibrée. Il est fascinant d'observer comment les notes caractéristiques de chaque style de saké émergent au cours de cette phase.

Un autre facteur lors de la maturation est le contact avec l'oxygène. Contrairement au vin, où une oxydation contrôlée est souvent souhaitée, avec le saké, nous essayons de maintenir le contact avec l'oxygène aussi bas que possible. L'oxygène peut entraîner des modifications indésirables du goût et affecter la fraîcheur du saké. C'est pour cette raison que les réservoirs de stockage modernes sont souvent remplis de gaz inertes tels que l'azote pour déplacer l'oxygène.

La durée du vieillissement varie en fonction du style de saké et des objectifs du maître brasseur. Certaines variétés de saké léger et frais peuvent être mises en bouteille après seulement quelques mois, tandis que les variétés plus complexes et corsées nécessitent souvent une période de vieillissement plus longue. Il n'est pas rare que du saké haut de gamme soit vieilli pendant un an ou plus avant d'être mis en vente.

Lors de la maturation, comme dans la production du whisky, les contenants jouent un rôle important. Traditionnellement, le saké était stocké dans de grands fûts en bois, semblables au vin. Cependant, aujourd'hui, les réservoirs en acier inoxydable sont principalement utilisés car ils permettent un meilleur contrôle de la température et de l'apport en oxygène et sont plus faciles à nettoyer. Certaines brasseries expérimentent cependant le stockage dans différents matériaux comme la céramique ou encore réintroduisent des fûts en bois pour certaines spécialités.

L'umami, souvent appelé le cinquième sens du goût, est caractéristique de nombreux aliments japonais et joue également un rôle important dans le saké. En vieillissant, ces notes umami peuvent s'intensifier, contribuant à une plus grande complexité et profondeur de saveur.

La maturation affecte également l'aspect visuel du saké. Le saké fraîchement fermenté a souvent une teinte légèrement jaunâtre ou verdâtre, qui évolue vers un aspect plus clair et incolore en vieillissant. Certains types de saké ayant vieilli plus longtemps peuvent également développer une couleur légèrement dorée, très appréciée des connaisseurs.

Lors de l'affinage, la formation potentielle de sédiments doit être prise en compte. Bien que le saké soit filtré après fermentation, de fines particules peuvent se déposer pendant le stockage. Ces sédiments sont généralement inoffensifs, mais peuvent affecter l'apparence et parfois le goût du saké. C'est pour cette raison que de nombreuses brasseries effectuent une seconde filtration fine avant la mise en bouteille.

La maîtrise de la maturation requiert un haut niveau d'expérience et de compétence de la part du maître brasseur. Il doit goûter et évaluer régulièrement le saké pour déterminer le moment optimal pour la mise en bouteille. L'objectif est de trouver le moment où le saké a atteint son meilleur équilibre et son expressivité, mais avant l'apparition d'arômes indésirables liés au vieillissement.

Une tendance intéressante dans l'industrie du saké est l'expérimentation croissante de la maturation. Certaines brasseries font délibérément vieillir le saké pendant des périodes plus longues, parfois même plusieurs années, pour développer des styles plus complexes et plus matures. Ces sakés vieillis, connus sous le nom de « koshu », sont encore une niche mais gagnent de plus en plus en popularité auprès des amateurs de saké.

Le vieillissement du saké est étroitement lié à la culture et à la philosophie japonaise. Le concept du « Wabi-sabi », qui voit la beauté dans l'éphémère et l'imperfection, se reflète également dans le vieillissement du saké. Les changements subtils que subit le saké en vieillissant sont appréciés comme faisant partie de son caractère et de son caractère unique.

Un autre point culturel lié au vieillissement du saké est le concept japonais de saisonnalité. Traditionnellement, le saké était brassé en hiver puis stocké pendant l'été pour être consommé à l'automne. Cette composante saisonnière se reflète encore aujourd'hui dans de nombreux aspects de la production et de la consommation du saké.

Le vieillissement du saké fait actuellement l'objet d'intenses recherches scientifiques. Les méthodes analytiques modernes permettent de suivre de près les modifications chimiques au cours de l'affinage. Les scientifiques étudient le développement des composants aromatiques, les changements dans la structure acide et la formation de nouveaux composés aromatiques. Ces informations aident les brasseurs à mieux comprendre et contrôler le processus de maturation.

Le saké fraîchement fermenté peut souvent avoir un goût d'alcool prononcé. En vieillissant, cette saveur d'alcool s'adoucit et s'intègre mieux dans le profil global de la boisson. Il en résulte une expérience de consommation plus douce et plus équilibrée.

La maturation influence également la structure acide du saké. Le saké frais peut certainement avoir une acidité prononcée, qui s'adoucit au cours de la maturation. Dans le même temps, des structures acides plus complexes peuvent se développer, contribuant à la profondeur et à la complexité du goût. Ces changements dans la structure acide sont un facteur important dans la capacité du saké à accompagner divers aliments.

Un aspect non négligeable lors de la maturation est le développement potentiel d'arômes désagréables. Bien que la maturation entraîne généralement des changements positifs, des arômes indésirables peuvent également apparaître dans des conditions défavorables. Les problèmes courants incluent le développement d'arômes d'oxydation ou la formation d'aldéhydes, qui peuvent donner lieu à un goût désagréable et « collant ». Éviter de tels arômes désagréables nécessite un contrôle minutieux des conditions de stockage et des contrôles de qualité réguliers.

La maturation affecte également la stabilité de la couleur du saké. Le saké frais est généralement incolore ou a une couleur jaune paille très claire. La couleur peut changer légèrement au cours de la maturation, bien qu'une décoloration excessive soit considérée comme indésirable. Le contrôle du developpement de la couleur pendant la maturation est un aspect important de l'assurance qualité.

Alors que les arômes primaires proviennent directement des matières premières et que les arômes secondaires apparaissent lors de la fermentation, les arômes tertiaires se developpent lors de la maturation. Ceux-ci peuvent contribuer à accroître la complexité et la profondeur du profil aromatique et sont souvent caractéristiques de certains styles de saké.

La maturation affecte également la durée de conservation du saké. En général, le saké vieilli est plus stable que le saké fraîchement fermenté. Les changements chimiques au cours du vieillissement aident le saké à être moins sensible aux changements de saveur indésirables pendant le stockage. Ceci est particulièrement important pour le saké destiné à l'exportation et qui doit résister à des trajets de transport plus longs.

La maturation affecte également la capacité du saké à s'associer avec la nourriture. Le saké frais peut parfois être trop dominant ou déséquilibré pour bien s'accorder avec des mets raffinés. Le saké vieilli, en revanche, a souvent un profil plus équilibré qui s'intègre mieux dans un menu et peut prendre en charge différentes saveurs.

## Le rôle de Toji

Un facteur crucial dans le processus de brassage du saké est le rôle du Toji, le maître brasseur. Le Toji est chargé non seulement de superviser l'ensemble du processus de brassage, mais également de peaufiner les détails qui déterminent le caractère de chaque saké. Toji apporte une combinaison de connaissances, d'intuition et de décennies d'expérience pour garantir que chaque saké répond aux normes de qualité les plus élevées. De nombreux Toji proviennent de longues dynasties brassicoles au cours desquelles le métier a été transmis de génération en génération.

Traditionnellement, le toji était souvent responsable de toute la saison de la brasserie, en particulier dans les zones rurales où le brassage avait lieu pendant les mois d'hiver. Cette activité saisonnière nécessitait un haut degré d'adaptabilité et d'improvisation car la météo et la température étaient des facteurs cruciaux pendant l'hiver. Aujourd'hui, les rôles se sont modernisés, mais les principes fondamentaux de dévouement et de savoir-faire restent les mêmes.

Toji occupe une place centrale et indispensable tout au long du processus de production du saké. Le Toji, souvent appelé le maître brasseur de saké, est bien plus qu'un simple expert technique ou artisan. Il incarne l'âme du brassage du saké et est responsable de la création d'une boisson enracinée dans la culture japonaise depuis des siècles et également reconnue dans le monde entier. Le rôle de Toji est à plusieurs niveaux, exigeant et caractérisé par une complexité qui va bien au-delà du simple brassage du saké.

Pour bien comprendre la signification et les devoirs d'un Toji, il est important de jeter un œil à l'évolution historique de cette position. La tradition du Toji remonte à plusieurs siècles et est étroitement liée à l'histoire et à la culture du Japon. À l'origine, les Toji étaient souvent des agriculteurs qui travaillaient dans des brasseries de saké pendant la contre-saison agricole. Au fil du temps, ce travail saisonnier est devenu un métier hautement spécialisé et respecté.

Au début de la production du saké, la connaissance de sa production était souvent un secret bien gardé, transmis au sein des familles ou des petites communautés. Le Toji était le gardien de ce savoir et était chargé de transmettre les techniques et les recettes d'une génération à l'autre. Cette tradetion de transfert de connaissances a contribué au développement et à la préservation des styles de saké régionaux qui continuent aujourd'hui de façonner la diversité du paysage du saké japonais.

Le rôle de Toji a considérablement évolué au fil du temps. Dans l'industrie moderne du saké, un Toji doit non seulement avoir une compréhension approfondie des méthodes de brassage traditionnelles, mais également se tenir au courant des derniers développements technologiques et découvertes scientifiques. Cela nécessite une combinaison unique de savoir-faire, de compréhension scientifique et de sensibilité artistique.

L'une des tâches principales du Toji est de surveiller et de contrôler l'ensemble du processus de brassage. Cela commence par la sélection et la préparation des matières premières. Le toji doit être capable d'évaluer la qualité du riz, de l'eau et des champignons koji et de sélectionner les ingrédients optimaux pour le style de saké souhaité. Les relations avec les riziculteurs et autres fournisseurs constituent donc souvent un aspect important du travail d'un Toji.

La préparation du riz est une étape cruciale dans la fabrication du saké, et le toji joue ici un rôle crucial. Il détermine le degré de polissage auquel le riz est soumis – un facteur qui a un impact significatif sur le caractère du saké fini. Décider de la quantité de couches externes de riz à retirer nécessite une compréhension approfondie de la variété de riz, du style de saké souhaité et des effets du niveau de polissage sur la saveur et l'arôme.

Un autre domaine critique du travail du toji est la production et l'entretien du koji. Le Koji, un riz inoculé de moisissures, est crucial pour la production de saké car il fournit les enzymes nécessaires à la fermentation. Faire du koji nécessite un contrôle précis de la température et de l'humidité ainsi qu'un sens aigu du timing de chaque étape. Le Toji doit être capable de suivre de près le développement du Koji et d'intervenir si nécessaire pour obtenir des résultats optimaux.

La fermentation elle-même est peut-être la partie la plus complexe du brassage du saké, et c'est là que le véritable art du Toji se révèle. Contrairement à la production de vin ou de bière, la production de saké implique une fermentation parallèle, dans laquelle la conversion de l'amidon en sucre et la fermentation alcoolique se produisent simultanément. Ce processus, connu sous le nom de fermentation parallèle multiple, nécessite une surveillance et un contrôle minutieux. Le Toji doit constamment surveiller et ajuster la température, le pH, la teneur en alcool et d'autres paramètres pour obtenir le style de saké souhaité.

La capacité d'évaluer la progression de la fermentation par l'observation, l'odorat et le goût est l'une des compétences les plus importantes d'un Toji. Un Toji expérimenté peut souvent juger si le processus se déroule comme souhaité simplement en entendant le bruit de la fermentation ou en ressentant la texture de la masse en fermentation. Cette combinaison de perception sensorielle et de connaissances techniques est ce qui distingue un bon Toji.

Outre l'expertise technique, le côté créatif joue également un rôle important dans le travail de Toji. Développer de nouveaux styles de saké ou affiner des recettes existantes nécessite un esprit d'innovation et une compréhension approfondie des préférences gustatives des consommateurs. Un Toji qui réussit doit être capable de respecter les traditions tout en innovant pour répondre aux demandes changeantes du marché.

La responsabilité du Toji s'étend également au contrôle de la qualité et à la garantie de la cohérence d'un lot à l'autre. Dans un monde où les consommateurs accordent de plus en plus d'importance à la qualité et à l'authenticité, la capacité à produire un saké de qualité constante est essentielle au succès d'une brasserie. Le Toji doit donc mettre en œuvre et maintenir un système d'assurance qualité sophistiqué.

Un moment souvent négligé mais crucial du rôle de Toji est de diriger et de motiver l'équipe de la brasserie. Dans de nombreuses brasseries, le Toji travaille avec une équipe d'assistants et d'apprentis. La capacité à diriger, inspirer et former cette équipe est d'une grande importance pour le bon déroulement de la production du saké et le transfert des connaissances aux générations futures.

La formation pour devenir Toji est un processus long et exigeant. Traditionnellement, la carrière d'un Toji commençait souvent comme simple ouvrier dans une brasserie de saké. Grâce à des années d'expérience pratique, d'observation et d'apprentissage auprès de maîtres expérimentés, l'aspirant Toji a lentement acquis les connaissances et les compétences nécessaires. Ce processus pouvait prendre des décennies, et il n'était pas rare qu'un Toji n'assume l'entière responsabilité d'une brasserie qu'à l'âge de 50 ou 60 ans.

Dans les temps modernes, la formation Toji a quelque peu changé. Même si l'expérience pratique reste importante, il existe désormais des programmes de formation formels et des certifications pour les futurs brasseurs de saké. De nombreux futurs Toji étudient les sciences brassicoles ou des matières connexes dans des universités avant de se lancer dans des travaux pratiques. Cette combinaison de connaissances académiques et d'expérience pratique a donné naissance à une nouvelle génération de Toji qui combinent l'artisanat traditionnel avec la science moderne.

Les guildes ou écoles régionales qui se sont développées au fil du temps sont importantes dans la culture Toji. Ces guildes, connues sous le nom de groupes Toji, sont souvent associées à des régions géographiques spécifiques et ont développé leurs propres styles et techniques. Certains des groupes Toji les plus connus sont les Nanbu-Toji de la préfecture d'Iwate, les Echigo-Toji de Niigata et les Tanba-Toji de Hyogo. Chacun de ces groupes a ses propres traditions et méthodes qui contribuent à la diversité du paysage du saké japonais.

Le rôle de Toji va donc au-delà de la pure production de saké. Dans de nombreux cas, le Toji fait également office d'ambassadeur de la brasserie et du saké en général. Il peut participer à des dégustations, interagir avec les clients et les distributeurs et même être impliqué dans l'élaboration de stratégies marketing. À l'heure où l'intérêt pour le saké augmente à travers le monde, ce rôle d'ambassadeur devient de plus en plus important.

Traditionnellement, le saké était brassé principalement pendant les mois d'hiver, lorsque les températures plus froides étaient idéales pour la fermentation et que les travaux agricoles étaient à l'arrêt. Bien que les technologies modernes permettent une production toute l'année, de nombreuses brasseries s'en tiennent à ce rythme saisonnier. Pour les Toji, cela signifie souvent des périodes de travail intensives pendant la saison brassicole, suivies de périodes de planification, de préparation et de formation hors saison.

Les défis auxquels un Toji est confronté sont variés et complexes. L'un des plus grands défis consiste à s'adapter à l'évolution des préférences des consommateurs et aux tendances du marché. Au cours des dernières décennies, le marché du saké a considérablement évolué, tant au Japon qu'à l'échelle internationale. La tendance est aux variétés de saké plus légères et plus fruitées, et la demande de produits haut de gamme est croissante. Toji doit être capable de répondre à ces tendances sans négliger les traditions et l'identité de la brasserie.

Le défi actuel pour Toji réside dans le progrès technologique dans l'industrie du saké. Les brasseries modernes disposent souvent d'équipements et de systèmes de contrôle sophistiqués. Les Toji doivent être capables d'utiliser ces technologies efficacement sans perdre le sens de l'aspect artisanal de la production du saké. Intégrer tradition et innovation est un exercice d'équilibre constant qui nécessite beaucoup de compétences et de jugement.

Le travail d'un Toji est non seulement exigeant techniquement, mais aussi physiquement et mentalement. Les longues journées de travail, souvent dans des conditions froides et humides, ne sont pas rares. La responsabilité de la qualité du saké et de la réputation de la brasserie peut engendrer un stress important. Un Toji qui réussit doit donc non seulement posséder des compétences techniques, mais aussi de l'endurance, de la résilience et la capacité de travailler sous pression.

Bien que la technologie moderne et les connaissances scientifiques jouent un rôle important, de nombreux Toji s'appuient encore largement sur leurs sens et leur intuition. La capacité de percevoir et de réagir aux changements subtils de l'odeur, du goût ou de la texture du saké en fermentation est un art qui prend souvent des années, voire des décennies, pour se perfectionner.

Le rôle du Toji est étroitement lié à la notion de « terroir », connue du monde du vin. À l'instar du vin, le caractère d'un saké peut être grandement influencé par des facteurs locaux tels que la qualité de l'eau, le climat et les variétés régionales de riz. Un bon Toji comprend ces liens et sait comment utiliser ces caractéristiques locales pour créer un saké qui capture l'essence de sa région d'origine.

Ces dernières années, la composition démographique de la communauté Toji a considérablement changé. Traditionnellement, le poste de toji était réservé presque exclusivement aux hommes, souvent des hommes plus âgés ayant des décennies d'expérience. Cependant, plus récemment, les femmes et les jeunes assument de plus en plus ce rôle. Cette diversification apporte de nouvelles perspectives et de nouvelles idées à l'industrie du saké, contribuant ainsi à moderniser l'image du saké et à attirer de nouveaux publics.

**Technologies modernes versus valeurs traditionnelles**

Bien que les méthodes de brassage aient évolué au fil du temps, notamment grâce à l'utilisation de technologies modernes telles que des systèmes de contrôle précis de la température et des équipements automatisés pour le riz, l'essence du brassage du saké reste fermement ancrée dans la tradition. Les brasseries de saké modernes utilisent la technologie pour garantir une qualité élevée et constante, mais de nombreuses brasseries préservent consciemment des techniques artisanales utilisées depuis des siècles.

La production de saké est l'une des formes de production d'alcool les plus anciennes et les plus fascinantes, dont les racines sont profondément ancrées dans la culture japonaise. Au fil des siècles, le processus de fabrication du saké a évolué non seulement grâce au savoir-faire et aux connaissances des brasseurs, mais également grâce aux traditions culturelles et religieuses qui l'entourent. Dans le même temps, la production de saké est aujourd'hui confrontée à de nouveaux défis et opportunités créés par les technologies modernes. Ces technologies modifient fondamentalement le processus de fabrication traditionnel et soulèvent une question importante : dans quelle mesure la modernité peut-elle ou doit-elle être intégrée dans un secteur artisanal aussi traditionnel ? La tension entre technologie de pointe et méthodes traditionnelles éprouvées est particulièrement importante.

Les progrès technologiques ont révolutionné de nombreuses industries et la production de saké n'a pas été épargnée par cette évolution. Des technologies telles que des processus de production automatisés, des systèmes précis de contrôle de la température et de l'humidité et des méthodes de fermentation améliorées ont permis de rendre la production de saké plus efficace tout en améliorant la qualité. Cependant, ces avancées ont également donné lieu à un débat sur la question de savoir si l'utilisation de technologies modernes contredit les valeurs traditionnelles de la production de saké ou si elle peut être considérée comme une étape nécessaire pour assurer l'avenir de cette industrie.

Les méthodes traditionnelles de production du saké sont étroitement liées à la culture et à l'histoire japonaises. À l'origine, le saké était utilisé comme offrande aux dieux lors de cérémonies religieuses et joue encore aujourd'hui un rôle important dans de nombreuses fêtes culturelles et spirituelles au Japon. Le processus de fabrication du saké suit un processus strict qui se transmet de génération en génération. Le savoir-faire et les connaissances nécessaires à ce travail sont très appréciés et les maîtres brasseurs, appelés « Toji », jouissent d'une grande réputation dans la société.

L'une des tâches les plus importantes de Toji est la sélection des ingrédients. Traditionnellement, le saké est fabriqué à partir de riz, d'eau, de levure et de moisissure koji (Aspergillus oryzae). La qualité du saké dépend en grande partie de la sélection et du ratio de ces ingrédients. Le riz, en particulier, joue un rôle central car il a une forte influence sur le goût et la texture du saké fini. Différents types de riz, polis différemment, donnent lieu à des profils de saveur différents, rendant le processus de brassage complexe et varié.

Un autre élément important de la production traditionnelle du saké est le processus de fermentation. Le processus de fermentation multiple parallèle, dans lequel le riz est transformé en sucre par la moisissure koji et en même temps la levure transforme le sucre en alcool, est unique et nécessite un haut niveau de contrôle et de sensibilité. Le Toji surveille de près le processus de fermentation et intervient si nécessaire pour garantir que le saké atteigne le goût et la consistance souhaités.

Le processus de fermentation se déroule traditionnellement dans des cuves en bois, souvent réalisées à la main dans de petites brasseries familiales. Ces cuves confèrent non seulement au saké un arôme caractéristique, mais contribuent également à l'identité culturelle de la production du saké. De nombreuses brasseries se sont donné pour mission de maintenir cette tradition artisanale, même si l'utilisation de matériaux modernes comme les cuves en inox est aujourd'hui plus courante.

Une autre caractéristique importante de la production traditionnelle de saké est le lien étroit avec la nature et les saisons. Le processus de production est étroitement lié aux cycles naturels, car les meilleures conditions pour la fermentation se produisent en hiver, lorsque les températures sont basses et que la fermentation est plus lente et mieux contrôlée. Dans de nombreuses zones rurales du Japon, les brasseries de saké font partie intégrante de la communauté et le travail dans les brasseries est souvent étroitement lié aux cycles agricoles et aux conditions locales.

L'utilisation de technologies modernes a considérablement modifié la production de saké au cours des dernières décennies. L'automatisation et les systèmes de contrôle avancés ont permis d'optimiser le processus de fabrication tout en augmentant les volumes de production. De nombreuses brasseries modernes utilisent désormais des technologies telles que des systèmes informatisés de surveillance de la température et de l'humidité pour contrôler avec précision le processus de fermentation et garantir une qualité élevée et constante.

Un avantage important de ces technologies est la cohérence. Alors que le processus de fabrication traditionnel repose en grande partie sur l'expérience et le savoir-faire du Toji, les technologies modernes peuvent minimiser les fluctuations de la production et ainsi garantir un produit cohérent. Ceci est particulièrement important pour les grandes brasseries qui produisent du saké en grande quantité et qui comptent sur une qualité élevée et constante pour rester compétitives sur le marché international.

Un autre exemple d'utilisation des technologies modernes dans la production du saké est l'utilisation de souches de levure et d'enzymes spéciales qui peuvent accélérer la fermentation et rendre le processus de production plus efficace. Alors que le processus de fermentation traditionnel peut prendre des semaines, voire des mois, ces nouvelles technologies permettent une production beaucoup plus rapide sans sacrifier la qualité. Ces développements ont permis aux brasseries d'augmenter leur capacité de production tout en répondant à la demande croissante de saké au pays et à l'étranger.

La technologie a également joué un rôle important dans le domaine de l'emballage et de la distribution. Des installations d'embouteillage modernes et des techniques de stockage améliorées ont permis de conserver le saké plus longtemps et de le transporter sur de plus longues distances sans compromettre la qualité. Cela a contribué au fait que le saké est désormais disponible dans de nombreux pays du monde et devient de plus en plus populaire.

Le débat sur la mesure dans laquelle les technologies modernes devraient être intégrées dans la production de saké est complexe et à plusieurs niveaux. D'un côté, il y a les partisans des méthodes traditionnelles,

qui soutiennent que le savoir-faire et les connaissances développés au fil des siècles représentent une valeur inestimable et ne peuvent être remplacés par des machines et des processus automatisés. Pour beaucoup, le saké est plus qu'une simple boisson alcoolisée : c'est un héritage culturel étroitement lié à l'identité japonaise.

De l'autre côté se trouvent les partisans des technologies modernes qui soutiennent que l'utilisation de la technologie est nécessaire pour maintenir la compétitivité de la production de saké dans un monde globalisé. Ils soulignent que la demande de saké augmente dans le monde entier et que les technologies modernes rendent la production plus efficace sans compromettre la qualité. Ils voient également l'intégration de la technologie comme un moyen de pérenniser l'industrie et d'assurer la survie des petites brasseries qui autrement ne seraient pas en mesure de suivre la concurrence internationale.

Un autre aspect de cette discussion est la question de l'authenticité. De nombreux consommateurs de saké, tant au Japon qu'à l'étranger, tiennent profondément à ce que le saké qu'ils boivent soit fabriqué selon des méthodes traditionnelles. Pour eux, le saké n'est pas seulement une boisson, mais une expression de la culture et du mode de vie japonais. L'utilisation des technologies modernes, affirment-ils, pourrait faire perdre au saké son caractère authentique et devenir un produit produit en série n'ayant plus la même signification culturelle.

Cependant, il existe aussi des brasseries qui recherchent un équilibre entre tradition et modernité. Ces brasseries utilisent des technologies modernes pour optimiser certains aspects du processus de production tout en conservant les méthodes traditionnelles qui définissent le caractère de leur saké. Par exemple, ils utilisent des systèmes de contrôle modernes pour surveiller la température et l'humidité pendant la fermentation, mais s'appuient toujours sur des techniques artisanales pour la sélection et la transformation des ingrédients. Ils tentent ainsi de combiner le meilleur des deux mondes tout en préservant la qualité et l'authenticité de leur saké.

L'avenir de la production de saké dépendra en grande partie de la capacité de l'industrie à gérer l'équilibre entre tradition et modernité. Il est clair que les technologies modernes joueront un rôle important dans l'augmentation de l'efficacité et de la compétitivité des brasseries de saké. Dans le même temps, il sera crucial que les valeurs culturelles et traditionnelles qui caractérisent la production de saké depuis des siècles ne soient pas perdues.

Une évolution possible pourrait être que la production de saké se développe de plus en plus dans deux directions différentes. D'une part, les grandes brasseries pourraient s'appuyer de plus en plus sur les technologies modernes,

L'art du brassage du saké est une fusion de savoir-faire, de tradition et de technologie moderne. Chaque étape du processus, du polissage du riz à la fermentation et à la maturation, nécessite soin, connaissance et précision, et entretenir cela signifie préserver une partie importante de la culture japonaise.

# Saké et cuisine japonaise : une harmonie parfaite

Le saké, le vin de riz traditionnel japonais, fait partie intégrante de la culture culinaire japonaise depuis des siècles. Il représente non seulement la cuisine japonaise, mais aussi la riche histoire culturelle et spirituelle du pays. Dans la culture culinaire japonaise, il existe un lien profond entre la nourriture et la boisson, et le saké joue un rôle central à cet égard. L'harmonie entre le saké et la cuisine japonaise repose sur un jeu sophistiqué de saveurs, de textures et de traditions qui a évolué au fil du temps.

Le saké est produit au Japon depuis plus de mille ans et est profondément ancré dans la culture du pays. Sa production s'est affinée au fil des siècles et il existe aujourd'hui une variété de variétés de saké caractérisées par différents profils aromatiques, méthodes de production et différences régionales. Cependant, le cœur de la production du saké est toujours constitué des mêmes ingrédients de base : le riz, l'eau, la levure et la moisissure koji. Ces ingrédients simples sont combinés dans un processus complexe pour créer le goût et le caractère uniques du saké.

L'harmonie entre le saké et la cuisine japonaise ne réside pas seulement dans les saveurs, mais aussi dans la philosophie qui sous-tend la préparation des plats et des boissons. La cuisine japonaise accorde une grande importance à la fraîcheur et à la qualité des ingrédients, ainsi qu'à un équilibre judicieux entre saveur, texture et présentation visuelle. Ces valeurs se reflètent également dans la production du saké, où la pureté des ingrédients et la précision du processus de fabrication sont cruciales.

L'harmonie gustative entre le saké et la cuisine japonaise est une interaction complexe d'umami, d'acidité, de douceur, d'amertume et de salinité. Appelé cinquième goût, l'umami joue un rôle particulièrement important dans la cuisine japonaise. C'est une saveur intense, savoureuse et épicée qui est souvent obtenue grâce à des ingrédients tels que la sauce soja, le miso, la sauce de poisson ou les algues. Le saké contient également des notes umami résultant du processus de fermentation, et ce composant umami contribue de manière significative à l'harmonie naturelle entre le saké et les plats japonais.

Un autre élément qui rehausse l'harmonie entre le saké et la cuisine japonaise est la texture. De nombreux plats japonais se caractérisent par une texture légère et subtile qui n'est pas éclipsée par des saveurs trop fortes. Le saké, en particulier les variétés plus légères, renforce cette caractéristique en rehaussant le goût des aliments sans le dominer. Par exemple, un saké délicat peut parfaitement se marier avec un sashimi, mettant en valeur la texture du poisson cru tout en complétant les saveurs délicates du plat.

Selon le type de saké, d'autres éléments aromatiques peuvent également jouer un rôle. Le saké peut être sucré, sec, fruité, noisette ou même floral, ce qui en fait un accompagnement incroyablement polyvalent pour une grande variété de plats. Un saké sec, comme un Junmai, se marie souvent bien avec du poisson ou de la viande grillée, car sa sécheresse rehausse la saveur savoureuse de ces plats, tandis qu'un saké plus fruité, comme un Daiginjo, se marie bien avec des plats légers et frais comme des sushis ou des plats de légumes.

## Que signifie umami ?

Umami est un terme utilisé en gastronomie et en science alimentaire pour décrire l'un des cinq sens gustatifs fondamentaux. Les quatre autres goûts sont le sucré, l'aigre, le salé et l'amer. Souvent traduit par « savoureux » ou « épicé », l'umami est caractéristique d'une variété d'aliments, en particulier ceux riches en acides aminés, notamment en glutamate.

Le terme « Umami » vient du japonais et est composé des mots « umai » (délicieux) et « mi » (goût). Il a été découvert au début des années 1900 par le scientifique japonais Kikunae Ikeda, qui a identifié le goût umami comme étant distinct alors qu'il travaillait à l'Université de Tokyo. Ikeda a noté que la saveur du kombu (un type d'algue) est produite par sa teneur élevée en glutamate. Cette découverte a conduit à l'isolement du glutamate monosodique (MSG), un exhausteur de goût couramment utilisé dans de nombreuses cuisines asiatiques.

L'umami est généré par la présence de glutamate, d'aspartate et de certains ribonucléotides tels que l'inosine et la guanosine monophosphate. Ces composés se trouvent dans de nombreux aliments, notamment la viande, le poisson, les produits laitiers, les tomates et les produits fermentés comme la sauce soja et le miso. L'umami peut enrichir considérablement l'expérience gustative des aliments car il complète et améliore les autres goûts.

L'umami joue un rôle important dans la pratique culinaire, en particulier dans la cuisine asiatique, où il est souvent obtenu grâce à des ingrédients tels que la sauce soja, la sauce de poisson, le miso et les algues. L'umami apporte une saveur profonde et complexe et rend les plats plus riches et plus satisfaisants.

La perception de l'umami peut également activer les papilles gustatives de manière à stimuler l'appétit et à augmenter la sensation de satiété. Comprendre l'umami est d'une grande importance pour les chefs et les producteurs de produits alimentaires afin d'optimiser les saveurs de leurs plats et d'augmenter le plaisir des consommateurs.

L'umami est une saveur fondamentale qui a gagné du terrain à la fois dans la science et dans la cuisine. Sa capacité à approfondir et enrichir la saveur des aliments en fait un élément essentiel dans la préparation de nombreux plats. Comprendre et appliquer sélectivement l'umami peut aider à faire passer l'expérience culinaire à un nouveau niveau.

**Le saké et la cuisine régionale du Japon**

Le Japon est un pays caractérisé par une incroyable diversité culinaire. Chaque région possède ses propres plats traditionnels, souvent façonnés par la géographie locale et les ingrédients disponibles. Cette diversité régionale se reflète également dans la production de saké, car de nombreux types de saké sont produits dans certaines régions et sont souvent spécifiquement adaptés à la cuisine locale.

Le lien étroit entre le saké et les plats régionaux montre que le saké n'est pas seulement une boisson servie au hasard avec de la nourriture, mais qu'il est souvent développé spécifiquement pour la cuisine régionale respective. L'harmonie entre le saké et la nourriture est le résultat de siècles de développement culinaire, au cours desquels les deux éléments sont en harmonie l'un avec l'autre.

Le Japon est un pays caractérisé par sa diversité géographique et ses différentes conditions climatiques, qui affectent également la cuisine régionale et la production de saké du pays. Chaque région a ses propres traditions culinaires basées sur des ingrédients disponibles localement, et le saké est profondément ancré dans cette culture culinaire régionale. En fait, chaque région du Japon possède des styles de saké uniques qui complètent parfaitement les plats populaires là-bas. Dans ce contexte, l'eau, le riz et les méthodes de brassage jouent un rôle central, car ils influencent non seulement la qualité du saké, mais aussi son harmonie gustative avec la cuisine locale.

## La région du Tohoku

Tohoku, dans le nord du Japon, est connu pour ses hivers froids et son climat rigoureux. Ces conditions climatiques y ont un impact significatif sur la production de saké. Dans la région du Tohoku, le saké est généralement brassé pendant les mois les plus froids de l'année, car les basses températures favorisent une fermentation lente. Il en résulte un saké particulièrement clair, pur et souvent léger, avec une douceur subtile et de douces notes umami.

La région est également connue pour son riz de haute qualité, cultivé dans de vastes plaines. Le riz poli utilisé pour la production du saké dans la région du Tohoku est essentiel au goût final du saké. La région étant également connue pour sa tradition de pêche, le saké Tohoku, léger et clair, se marie parfaitement aux plats de fruits de mer de la région, notamment les sashimis et les poissons grillés.

L'un des plats les plus célèbres du Tohoku est l'Ishikari Nabe, un copieux plat composé de saumon, de tofu et de légumes cuits dans un bouillon miso. La saveur riche en umami de ce plat s'harmonise à merveille avec les notes subtiles et légèrement sucrées du saké local, qui complètent les saveurs du bouillon miso et du poisson sans les dominer.

**La région du Kanto**

Kanto, qui comprend la capitale Tokyo, est l'un des centres économiques et culturels du Japon. Cette région offre une variété de cuisines allant de la cuisine de rue à la gastronomie. Dans cette région densément peuplée, on trouve un mélange d'influences traditionnelles et modernes, qui affectent également la production de saké.

Le saké Kanto est souvent légèrement plus fort et plus savoureux, ce qui en fait un complément idéal aux plats salés de la région, tels que la tempura (fruits de mer et légumes frits) ou les nouilles soba dans un bouillon savoureux. La production de saké à Kanto est également fortement influencée par la qualité de l'eau. Tokyo et les préfectures environnantes tirent leur eau de sources propres et riches, ce qui confère au saké une pureté particulière.

Un autre plat emblématique de la région de Kanto est l'Unagi no Kabayaki, une anguille grillée glacée dans une marinade à la sauce soja sucrée. Les saveurs riches et légèrement caramélisées de ce plat se marient bien avec un saké local, qui a tendance à être plus sec, offrant un joli contraste avec les saveurs plus sucrées. Un saké Ginjo légèrement frais de Kanto est un choix idéal pour équilibrer l'intensité de l'anguille.

**La région du Kansaï**

Le Kansai, en particulier les villes de Kyoto et d'Osaka, est connu pour sa cuisine riche et diversifiée. La région est considérée comme la « cuisine du Japon » et abrite de nombreux plats traditionnels japonais, notamment l'okonomiyaki (crêpes salées) et le takoyaki (boules de pâte de poulpe frites). La production de saké dans cette région reflète la diversité de la cuisine, le saké ayant tendance à être plus riche et plus complexe en saveur.

Kyoto est particulièrement célèbre pour son saké fin et délicat. Les brasseries de Kyoto utilisent souvent de l'eau extremement douce provenant des montagnes environnantes, ce qui donne un saké onctueux et onctueux. Ce saké se marie parfaitement aux saveurs subtiles et élégantes de la cuisine de Kyoto, comme le Kaiseki, un repas à plusieurs plats connu pour ses ingrédients délicats de saison et sa présentation astucieuse. Un saké Junmai, qui offre une saveur umami complète, est un complément idéal au Kaiseki, car il rehausse les nuances subtiles de chaque plat sans les dominer.

Connue pour ses plats copieux et audacieux, Osaka propose une expérience culinaire différente. Le saké d'Osaka a souvent un caractère plus robuste pour compléter les saveurs audacieuses des plats locaux, comme le kushikatsu (brochettes de viande et de légumes frites) ou l'okonomiyaki susmentionné. Un saké sec, comme on le produit souvent dans cette région, accompagne bien ces plats riches et frits et assure une expérience gustative équilibrée.

**La région du Chubu**

La région de Chubu, qui englobe le centre du Japon et comprend les Alpes du pays, offre une variété de conditions géographiques et climatiques qui influencent la production de saké. Cette région est connue pour ses ingrédients de première qualité, notamment du riz de haute qualité et de l'eau pure de montagne, qui donnent naissance à un saké à la fois pur et complexe.

La préfecture de Niigata, située dans la région de Chubu, est particulièrement connue pour son saké, considéré comme l'un des meilleurs du Japon. Le saké Niigata se caractérise par sa légèreté et sa sécheresse, ce qui en fait un complément parfait aux plats de fruits de mer frais et légers de la région. Le Noppe, un ragoût local de légumes-racines et de poisson, se marie bien avec le saké léger et sec de Niigata, qui complète les saveurs terreuses et salées du plat sans le dominer.

## La région de Kyushu

La région sud de Kyushu est connue pour son climat chaud et humide, très différent des régions plus froides du Japon. Ces conditions climatiques influencent à la fois la production de saké et la cuisine locale. Kyushu est connue pour sa cuisine épicée et savoureuse, caractérisée par sa proximité avec les pays asiatiques voisins.

Bien que Kyushu soit mieux connue pour la production de shochu (un alcool distillé), il existe également des brasseries de saké remarquables dans cette région. Le saké de Kyushu est souvent plus savoureux et se marie bien avec les plats épicés de la région, comme le ramen de Kagoshima ou le motsunabe, un ragoût à base d'abats de bœuf et de légumes.

Le plat signature Karashi Mentaiko (œufs de morue marinés épicés) est un autre exemple de la tradition culinaire de Kyushu. Ce plat épicé et salé s'associe à un saké corsé et à l'acidité prononcée pour résister aux arômes prononcés et créer un équilibre harmonieux.

## La région de Shikoku

Shikoku, la plus petite des quatre îles principales du Japon, a une longue tradition de production de saké. La région est connue pour son bien, qui bénéficie souvent des sources d'eau douce et pure de l'île. Le saké Shikoku se caractérise par sa légèreté et sa fraîcheur, ce qui en fait un complément idéal aux plats simples mais savoureux de la région.

L'un des plats les plus célèbres de la région est le Katsuo no Tataki, une spécialité de bonite légèrement frite servie avec du gingembre, de l'ail et de la sauce soja. La saveur fumée de la bonite et le piquant des accompagnements s'harmonisent parfaitement avec un saké léger et frais de Shikoku, qui équilibre les saveurs du plat sans les dominer.

Le lien étroit entre la cuisine régionale et le saké est profondément ancré dans la culture japonaise. Chaque région possède non seulement ses propres traditions culinaires, mais aussi ses propres méthodes de brassage basées sur les ingrédients locaux et les conditions climatiques. Cette diversité régionale est ce qui rend la culture culinaire japonaise si riche et variée. Le saké d'une région particulière est souvent adapté spécifiquement aux plats qui y sont préparés, ce qui donne lieu à une expérience gustative harmonieuse qui souligne et complète les saveurs des aliments.

Le saké n'est pas seulement une boisson qui accompagne les repas, mais un élément essentiel de l'expérience culinaire globale au Japon. Les différents styles de saké, qui varient d'une région à l'autre, reflètent cela.

## Saké et Sushi : un accord emblématique

Quand on pense à la cuisine japonaise, les sushis sont souvent le premier plat qui nous vient à l'esprit. Le sushi, composé de poisson cru frais et de riz assaisonné, est l'un des plats les plus célèbres et les plus populaires du Japon. La combinaison de sushi et de saké est l'un des accords les plus classiques de la culture culinaire japonaise.

Les saveurs subtiles du poisson cru, le léger piquant du riz et les notes umami de la sauce soja et du wasabi se marient parfaitement aux saveurs délicates, souvent fruitées, d'un saké léger. Le saké, en particulier les variétés avec une proportion plus élevée de riz poli, comme le Ginjo ou le Daiginjo, complète idéalement la fraîcheur et le goût délicat des sushis. Ces types de saké sont souvent légers et présentent des notes florales ou fruitées qui ne masquent pas les saveurs délicates du poisson, mais les soutiennent plutôt subtilement.

L'association du saké et des sushis est considérée comme l'une des combinaisons les plus emblématiques de la cuisine japonaise, offrant un exemple fascinant de l'interaction harmonieuse des saveurs et des textures. Le sushi, l'un des plats japonais les plus connus au niveau international, consiste dans sa forme de base en une combinaison de riz assaisonné et de poisson cru frais ou d'autres fruits de mer. Les profils aromatiques des sushis sont subtils, subtils et souvent fortement dépendants de la fraîcheur des ingrédients. Le saké, quant à lui, apporte une variété d'arômes en raison de ses différentes méthodes de production et types de riz, qui, selon le type, peuvent être fruités, floraux, secs ou axés sur l'umami. Cette gamme fait du saké un compagnon idéal pour les sushis.

Le sushi est connu pour sa préparation minimaliste, où l'accent est mis sur la qualité et la fraîcheur des ingrédients. Cela signifie que les saveurs des sushis sont souvent légères et délicates, et que tout ingrédient supplémentaire, qu'il s'agisse de sauce soja, de wasabi ou de gingembre, est utilisé avec parcimonie afin de ne pas submerger les profils aromatiques naturels des ingrédients. À cet égard, choisir la bonne boisson est crucial pour améliorer l'expérience gustative plutôt que de la dominer.

Le saké, en particulier les versions plus légères et fruitées comme le Ginjo ou le Daiginjo, accompagne à merveille les sushis, car ces variétés soulignent les arômes délicats du poisson cru et du riz assaisonné par leur goût délicat et souvent frais. La teneur en umami du saké, créée par le processus de fermentation, complète les notes umami des poissons, notamment des poissons gras comme le thon ou le saumon, créant un équilibre harmonieux. Cette subtile interaction de saveurs améliore l'expérience globale car le saké ne masque pas les saveurs mais les intensifie plutôt de manière douce.

Un autre facteur important est la texture. Les sashimis et nigiri sushi ont une texture douce, presque soyeuse, agréablement contrastée par un saké léger et frais. La température du saké joue un rôle crucial : un saké légèrement frais s'harmonise bien avec la fraîcheur du poisson, tandis que le saké chaud peut être trop lourd et écrasant pour compléter les saveurs subtiles des sushis.

Tous les types de sushi ne sont pas identiques et il existe une variété de types de saké qui conviennent aux différentes préparations de sushi. Choisir le bon saké dépend à la fois du type de poisson et des composants qui l'accompagnent. Les différents types de sushi et leur accord avec le saké offrent un large éventail d'expériences gustatives possibles.

### Nigiri sushi et daiginjo

Le Nigiri Sushi se compose d'une petite portion de riz au levain surmontée d'une tranche de poisson cru. Ce type de sushi est l'une des formes les plus originales et nécessite un saké délicat qui met en valeur la saveur délicate du poisson. Un saké daiginjo, connu pour ses saveurs florales et fruitées, se marie bien avec les nigiri sushi, notamment les variétés comme la sériole, la plie ou les pétoncles, qui ont également un goût léger et délicat.

### Maki sushi et Junmai Ginjo

Le maki sushi, qui consiste à rouler du poisson, des légumes et du riz dans des algues, offre une variété de profils de saveurs en fonction des ingrédients utilisés. Un saké Junmai Ginjo, légèrement plus fort qu'un daiginjo, se marie bien avec ce style de sushi, surtout lorsque des ingrédients plus riches comme le thon, le saumon ou l'avocat sont utilisés. Le corps plus fort du Junmai Ginjo peut résister aux saveurs plus complexes tout en les complétant.

### Futomaki et Honjozo

Le futomaki, une version plus épaisse du maki sushi, contient souvent plusieurs garnitures, notamment des œufs au plat, des légumes et du poisson. Puisque le futomaki a tendance à être plus savoureux, un saké plus corsé, comme un honjozo, est un bon choix. Connu pour son équilibre entre douceur et sécheresse, le saké Honjozo apporte un léger piquant qui se marie bien avec les saveurs complexes du futomaki.

## Sashimi et namazake

Le sashimi se compose de morceaux de poisson cru tranchés finement et est souvent servi sans riz. Puisqu'il s'agit de la forme de poisson cru la plus pure, il est crucial de choisir un saké particulièrement frais et pur. Un Namazake, un saké non filtré et non pasteurisé, est un excellent choix car il est plus frais et plus vibrant en goût et se marie parfaitement avec les saveurs nettes et fraîches du sashimi. Namazake a également un léger piquant qui rafraîchit le palais et rehausse la texture délicate du poisson.

## Oshi sushi et Junmai

Oshi sushi est un style de sushi pressé dans lequel le poisson et le riz sont pressés dans un moule pour créer une version compacte et savoureuse. Cette version du sushi plus ferme et souvent plus épicée nécessite un saké plus corsé et un profil de saveur umami plus intense. Un saké Junmai, connu pour sa structure solide et ses profondes notes umami, se marie bien avec les sushis Oshi. Un Junmai complète idéalement les saveurs salées, notamment avec les poissons gras comme le maquereau ou l'anguille, qui sont utilisés dans les sushis Oshi.

La température à laquelle le saké est servi joue un rôle crucial dans la manière dont il s'associe aux sushis. Traditionnellement, le saké est chauffé ou refroidi à différentes températures, selon le type de saké et les préférences du buveur. Mais pour les sushis, il est presque toujours préférable de servir le saké frais ou légèrement tempéré, car cela complète la fraîcheur et la légèreté du plat.

Les variétés de saké plus légères et fruitées telles que le Ginjo ou le Daiginjo sont généralement servies froides, mettant en valeur leurs arômes délicats et leur goût frais. Ces variétés se marient particulièrement bien avec le poisson cru, car le saké réfrigéré fait ressortir la saveur fraîche et nette des sushis.

Pour les variétés de saké plus fortes comme le Junmai ou le Honjozo, qui peuvent être dégustées à des températures légèrement plus élevées, cela se marie bien avec des variantes de sushi plus intenses comme le poisson fumé ou mariné, qui ont des saveurs plus fortes. Un saké plus chaud rehausse les notes umami, offrant une base de saveur plus riche qui se marie bien avec ces types de sushi.

**L'importance de l'umami dans le saké et les sushis**

L'umami, le cinquième goût, joue un rôle central aussi bien dans le saké que dans les sushis. Ce composant de saveur est difficile à décrire, mais il est mieux décrit comme étant savoureux et corsé et se trouve couramment dans des aliments tels que le poisson, la sauce soja, le miso et les algues – tous des composants essentiels de la préparation des sushis. Le saké contient également de l'umami, qui se développe grâce au processus de fermentation, en particulier dans les variétés de saké telles que Junmai et Honjozo, qui ont une plus forte présence d'umami.

La combinaison de l'umami dans le saké et de l'umami dans les sushis produit ce que l'on appelle un « effet de synergie », dans lequel les deux composants sont perçus plus intensement lorsqu'ils sont dégustés ensemble. Ceci est particulièrement visible dans les sushis à base de poissons gras comme la poitrine de thon ou le saumon, car la riche saveur umami du poisson est renforcée par le saké. Le résultat est une expérience gustative corsée et harmonieuse qui met en valeur à la fois le poisson et le saké.

Dans la culture culinaire d'aujourd'hui, l'association sushi et saké n'est plus appréciée uniquement dans les restaurants japonais traditionnels. Les bars à sushis et les menus d'accords de saké sont devenus populaires dans le monde entier, et de nombreux sommeliers et chefs expérimentent de nouveaux accords de saké pour faire ressortir différentes saveurs et textures. Le sushi, considéré comme un plat luxueux et sophistiqué dans de nombreux pays, bénéficie énormément d'un bon choix de saké, qui élève l'expérience culinaire à un niveau supérieur.

La cuisine moderne a également vu l'émergence d'interprétations créatives du sushi intégrant des ingrédients et des techniques d'autres cuisines. Le saké est également de plus en plus apprécié en dehors du contexte traditionnel, par exemple avec des plats internationaux. Malgré ces innovations, l'accord traditionnel saké et sushi reste partie intégrante de la cuisine japonaise et offre une expérience gustative intemporelle qui

## Le rôle du saké dans les rituels et célébrations japonaises

Le saké n'est pas seulement une boisson quotidienne au Japon, il joue également un rôle important dans de nombreux rituels religieux et culturels. Dans les cérémonies shinto, le saké est utilisé comme offrande aux dieux, et il existe des festivals spéciaux où le saké occupe une place centrale, comme le Nouvel An ou Hanami, la fête des fleurs de cerisier.

Lors de ces célébrations, le saké est souvent servi dans de petits bols en porcelaine appelés « ochoko », et boire du saké ensemble a une forte signification symbolique. Il représente la communauté, la convivialité et la célébration de la vie. Le saké joue également un rôle central dans la cérémonie de mariage japonaise, le « San-san-kudo ». Les mariés boivent trois fois dans trois bols à saké, ce qui symbolise le bonheur et un mariage heureux.

Cette signification rituelle et symbolique du saké montre qu'il est bien plus qu'une simple boisson. Il fait partie de l'identité et de la culture culinaire japonaise et symbolise souvent des valeurs culturelles importantes telles que la pureté, l'unité et le respect des dieux et de la nature.

Le shintoïsme, la religion originelle du Japon, considère le saké comme une boisson sacrée destinée à apaiser et honorer les dieux, appelée kami. Dans les sanctuaires shinto, le saké est offert en offrande pour demander protection et bénédiction aux dieux. Cette pratique est appelée « Omiki », où « O » signifie « saint » et « miki » signifie saké. Le saké Omiki est offert aux kami dans des bols spéciaux en signe de gratitude et de révérence. La pureté du saké est très appréciée dans la tradition shinto car il est fabriqué à partir d'ingrédients naturels tels que le riz, l'eau et la levure, tous considérés comme des dons de la nature.

L'une des cérémonies les plus importantes dans laquelle le saké joue un rôle central est le « Kagami Biraki », qui est souvent exécuté lors de grandes célébrations telles que les mariages, les fêtes du Nouvel An ou d'autres occasions importantes. Lors de cette cérémonie, un grand tonneau en bois contenant du saké – le « Kagami » – est cérémonieusement ouvert. Cela symbolise la révélation de la vérité et le début d'un nouveau chapitre de bon augure. Partager le saké du fût renforce la communauté et la cohésion des personnes présentes.

Le saké est également indispensable lors des festivals tradetionnels « Matsuri », organisés en l'honneur des divinités locales et des esprits de la nature. Ces festivals ont lieu dans tout le pays, souvent à des moments précis de l'année, et sont un mélange de dévotion religieuse et de célébration festive. Dans bon nombre de ces festivals Matsuri, les prêtres ou les anciens du village offrent du saké en guise d'offrande pour demander une bonne récolte, une protection ou la paix pour la communauté.

Le Nouvel An japonais, Shogatsu, est l'une des occasions les plus importantes au cours de laquelle le saké joue un rôle important. Au Japon, le Nouvel An est traditionnellement célébré en famille et entre amis proches, et le saké fait partie intégrante de cette célébration. Un type particulier de saké, le Toso, se boit le jour du Nouvel An. Toso est un saké épicé infusé d'herbes comme la cannelle, l'angélique et le ginseng. Les origines de ce rituel remontent à plus de 1 000 ans et on pense que Toso chasse les mauvais esprits et apporte une vie longue et saine.

Lorsqu'on boit du Toso, un rituel spécial est souvent organisé au cours duquel la famille boit ensemble dans un bol à saké transmis du plus jeune au plus âgé. Cette coutume symbolise la transmission des bénédictions et de la santé à tous les membres de la famille et renforce les liens familiaux. C'est également considéré comme un moyen de se purifier des difficultés de l'année écoulée et de commencer la nouvelle année avec espoir et un esprit positif.

Le saké joue un rôle symbolique dans les cérémonies de mariage japonaises, notamment lors de la cérémonie San-sankudo, qui fait partie des mariages traditionnels shinto. Lors de cette cérémonie, les mariés et souvent leurs parents boivent à tour de rôle dans trois bols à saké de tailles différentes. Chaque personne prend trois gorgées dans chacun des trois bols. Le chiffre trois est considéré comme sacré dans le shintoïsme et symbolise la recherche du bonheur et de l'harmonie.

Les trois gorgées ont une signification symbolique profonde : elles représentent le dépassement des trois plus grands obstacles de la vie : la haine, la passion et l'ignorance. Boire trois fois symbolise également le souhait d'unité et de prospérité des mariés et de leurs familles. Partager du saké lors de cette cérémonie est un rituel significatif qui renforce le lien entre les familles et souligne l'importance du respect et de l'unité.

Le saké est également utilisé dans les moments tristes de la vie, comme les funérailles ou les cérémonies commémoratives. Le saké est utilisé comme offrande pour honorer l'âme des défunts et faciliter le chemin vers l'au-delà. Il est d'usage de déposer des petits bols de saké sur l'autel lors des funérailles en signe de respect et de solidarité avec le défunt.

Le saké constitue également une partie importante des cérémonies commémoratives annuelles organisées au Japon pour honorer les défunts. Le saké est offert sur les autels des ménages (butsudan) ou dans les temples, notamment lors de la fête d'Obon, une fête traditionnelle au cours de laquelle les âmes des ancêtres sont honorées. Ces offrandes ne sont pas seulement une expression de respect, mais aussi un symbole du souhait que les esprits des ancêtres reposent en paix.

Le Nouvel An japonais est une période de célébrations et de cérémonies dans laquelle le saké a une signification particulière. Un rituel central est le Kagami Biraki, au cours duquel un tonneau de saké est cérémonieusement ouvert. Cette coutume a lieu non seulement dans des contextes religieux, mais aussi lors de fêtes de famille ou d'événements professionnels à la fin de l'année. Partager le saké après avoir ouvert le fût symbolise le début d'une nouvelle année pleine de prospérité et de bonheur. On pense que cet acte renforcera la communauté et libérera une énergie positive pour les mois à venir.

Le saké joue également un rôle dans le mochitsuki, le riz traditionnel battu pour faire des mochi (gâteaux de riz). Il s'agit d'une partie importante des célébrations du Nouvel An et elle est souvent célébrée dans les villages ou les communautés. Dans de nombreux cas, le saké est offert en offrande pour rechercher les bénédictions des dieux pour un avenir prospère et fructueux.

Dans les régions agricoles du Japon, le saké est étroitement associé aux fêtes des récoltes qui ont souvent lieu en automne. Ces festivals, comme l'Aki Matsuri (Fête de l'Automne) ou Niiname-sai, sont des célébrations honorant les dieux pour une récolte abondante. Lors du Niiname-sai, un ancien rituel shinto, l'empereur offre personnellement le premier riz de la récolte et du saké aux kami pour exprimer sa gratitude pour les dons de la nature.

Ce rituel est pratiqué depuis des siècles et symbolise le cycle de croissance et de renouveau. Le saké, fabriqué à partir de riz, l'ingrédient principal de l'agriculture japonaise, est inestimable dans de telles cérémonies car il reflète non seulement le travail acharné des agriculteurs mais aussi les bénédictions des dieux. Après l'offrande, le saké restant est souvent partagé au sein de la communauté pour célébrer la fin de la récolte et porter un toast ensemble à une autre année réussie.

Hanami, la fête des fleurs de cerisier, est l'une des traditions japonaises les plus célèbres dans laquelle le saké joue un rôle important. Hanami signifie littéralement « observation des fleurs » et fait référence à la pratique consistant à se rassembler sous les cerisiers en fleurs (sakura) au printemps pour célébrer la beauté de la nature. Cette célébration constitue un élément important de la culture japonaise et attire les gens dans les parcs et jardins de tout le pays.

Le saké est souvent servi dans des petits verres ou des bols lors des festivals Hanami, alors que les gens s'assoient et mangent sous les arbres en fleurs. Il existe même des types spéciaux de saké qui ne sont disponibles qu'à cette période de l'année, comme le Haru Sake (saké de printemps), qui a souvent une note plus légère et fruitée et se marie parfaitement avec les plats légers et l'atmosphère détendue du Hanami. Cette coutume de boire du saké sous les arbres en fleurs n'est pas seulement une expression de joie et de communauté, mais aussi une façon d'apprécier le caractère éphémère de la nature.

L'harmonie entre le saké et la cuisine japonaise est le résultat d'une longue et riche tradition culinaire qui s'est développée au fil des siècles. Le saké n'est pas seulement une boisson, mais un élément important de la culture et de la cuisine japonaise. Ses arômes et textures complètent les saveurs délicates et subtiles des plats japonais et contribuent à une expérience culinaire harmonieuse.

## Interprétations modernes : saké et cuisine internationale

Au cours des dernières décennies, le saké a gagné en popularité en dehors du Japon, et de nombreux chefs et sommeliers du monde entier ont commencé à inclure le saké dans leurs menus et leurs cartes des vins. Le saké n'est pas seulement servi avec des plats japonais traditionnels, mais également combiné avec des plats internationaux, ce qui permet de nouvelles expériences gustatives intéressantes.

Un saké sec et fort s'accorde bien avec les viandes grillées ou encore avec les plats épicés de la cuisine mexicaine ou thaïlandaise. La complexité du saké, qui provient des notes de fermentation et d'umami, peut également bien se marier avec du fromage ou d'autres aliments riches et crémeux. Ces interprétations modernes du saké montrent qu'il s'agit d'une boisson incroyablement polyvalente, non seulement limitée à la cuisine japonaise, mais également capable de compléter les saveurs d'autres traditions culinaires.

Les interprétations modernes du saké et son intégration dans la cuisine internationale sont un exemple fascinant de la façon dont cette boisson traditionnelle s'est développée au-delà de ses racines culturelles. Alors que le saké est traditionnellement associé à la cuisine japonaise, en particulier aux sushis et autres plats de fruits de mer, de plus en plus de chefs et sommeliers du monde entier découvrent la polyvalence du saké et sa capacité à se marier avec une grande variété de plats internationaux. Les divers profils de saveurs du saké jouent un rôle clé dans cette évolution, allant du fruité et floral au savoureux et riche en umami, ce qui en fait un compagnon idéal pour une large gamme d'aliments.

Le saké est devenu de plus en plus populaire ces dernières années dans la gastronomie européenne, célèbre pour sa variété de vins. Grâce à ses saveurs uniques et sa capacité à se fondre harmonieusement dans les plats, le saké est désormais souvent proposé dans la gastronomie comme alternative au vin. Le saké se révèle être un compagnon étonnamment polyvalent, notamment dans la cuisine française et italienne, qui entretiennent traditionnellement une relation étroite avec le vin.

Par exemple, les sakés plus légers comme le Ginjo ou le Daiginjo, qui ont souvent des notes florales et fruitées, se marient bien avec les plats de fruits de mer, les plats de poisson légers mais aussi les sauces crémeuses, souvent utilisées dans la cuisine française. Un plat comme la sole meunière, un filet de sole frit au beurre, peut être merveilleusement agrémenté d'un ginjo léger et fruité. Le saké apporte des notes fraîches et citronnées qui équilibrent la texture beurrée du plat et rehaussent la gourmandise du poisson.

Dans la cuisine italienne, le saké se marie étonnamment bien avec le risotto et les plats de pâtes, notamment ceux à base de fruits de mer ou de sauces à la crème. Un risotto ai frutti di mare, traditionnellement préparé avec des fruits de mer comme les moules, les crevettes et les calamars, bénéficie de la composante umami du saké, en particulier des variétés comme le Junmai, qui sont un complément parfait en raison de leur texture plus ample et de leur saveur umami prononcée. Le saké soutient les saveurs des fruits de mer sans les dominer, tout en apportant une note fraîche au plat.

La cuisine nordique, connue pour son approche minimaliste et sa concentration sur les ingrédients locaux et de saison, a également découvert le saké. Dans des pays comme le Danemark, la Suède et la Norvège, où les cuisines reposent largement sur des aliments fermentés, marinés et fumés, le saké complète de manière unique les saveurs naturelles de ces plats.

Le saké, en particulier le nama-zake (saké frais non filtré), se marie bien avec les aliments fermentés et acides populaires dans la cuisine nordique. Par exemple, un Nama-Zake s'harmonise à merveille avec des plats comme le saumon gravad (saumon mariné), car le léger piquant et la fraîcheur du saké soutiennent les arômes délicats du saumon et de la marinade à l'aneth. Les notes umami du saké rehaussent la texture du saumon et offrent une alternative intéressante aux accords mets-vins classiques.

Le saké, en particulier ses variantes plus fortes comme le Honjozo ou le Junmai, a également trouvé sa place dans les assiettes de fromages nordiques, qui contiennent souvent des fromages fermentés et fortement affinés. Le saké équilibre les saveurs salées et souvent intenses du fromage, tandis que ses composants umami rehaussent la profondeur de la saveur.

Le saké est également de plus en plus valorisé dans la cuisine fusion moderne, qui combine les influences de différentes régions du monde. Le saké trouve de nouvelles utilisations, notamment dans la cuisine latino-américaine, caractérisée par des saveurs intenses, des ingrédients frais et des épices. Plat populaire dans de nombreux pays d'Amérique latine, un ceviche à base de poisson cru, d'agrumes et d'herbes peut être parfaitement accompagné d'un saké ginjo légèrement frais. Le caractère fruité et légèrement acidulé du ginjo souligne la fraîcheur du poisson et s'harmonise avec les notes d'agrumes du ceviche, tandis que l'acidité du plat est tempérée par la douce douceur du saké.

Le saké peut également être un choix étonnamment bon pour les plats de viande grillée comme l'asado ou les tacos al pastor, qui ont des saveurs plus audacieuses. Un saké Junmai sec convient particulièrement ici, car ses notes umami et son corps plus ample complètent bien les saveurs de viande grillée et d'épices salées. Le saké apporte une profondeur supplémentaire à la combinaison qui est souvent inégalée par le vin ou la bière.

Le saké se marie également bien avec la cuisine fusion asiatique moderne, qui s'inspire de divers styles régionaux tels que le thaï, le vietnamien et le coréen. Un plat épicé et aromatique comme le pad thai ou le kimchi bénéficie d'un saké léger aux notes fraîches et florales. Un saké daiginjo bien réfrigéré peut équilibrer les épices intenses et la saveur fermentée du kimchi tout en ajoutant une note rafraîchissante pour compléter le plat.

Le saké ne se déguste pas seulement avec des plats salés, mais s'invite également de plus en plus dans le monde des desserts. Le saké est utilisé en accompagnement voire comme ingrédient, notamment dans la pâtisserie moderne et les créations de desserts innovantes. Ses notes sucrées subtiles, notamment dans les variétés de saké comme le Nigori (saké non filtré et légèrement sucré), se marient parfaitement avec une variété d'aliments sucrés.

Un exemple classique est la combinaison du saké et du chocolat. Le chocolat noir, qui a souvent un goût légèrement amer et profond, est parfaitement complété par l'onctuosité et la douceur d'un saké nigori. Les riches notes umami du saké soulignent l'intensité du chocolat et créent une expérience gustative complexe. Ce type de saké peut également être servi avec des desserts à base de fruits comme la mousse de mangue ou la tarte aux agrumes, où le fruité du saké rehausse les arômes naturels du fruit.

La crème glacée est également un dessert populaire qui peut être combiné avec du saké. Les variétés de saké aux arômes fruités et floraux que l'on accompagne avec des sorbets ou des crèmes légères sont particulièrement appréciées. Un sorbet à la mangue ou au yuzu associé à un saké léger au ginjo crée une option de dessert rafraîchissante et délicate, particulièrement efficace lors des chaudes journées d'été.

L'un des développements les plus passionnants de la cuisine moderne et de la culture des bars est l'utilisation du saké comme base pour les cocktails. Les cocktails au saké gagnent en popularité dans le monde entier et offrent une alternative douce aux spiritueux comme le gin ou la vodka. Parce que le saké a une teneur en alcool plus faible que les spiritueux traditionnels, il est idéal pour des cocktails légers et rafraîchissants, à la fois intéressants en goût et faciles à boire.

Un cocktail de saké classique est le Saketini, une version du martini qui utilise du saké au lieu de la vodka ou du gin. Le Saketini a un goût plus léger et plus doux, avec les notes florales et fruitées du saké occupant le devant de la scène. D'autres cocktails de saké combinent le saké avec des agrumes, du gingembre, du concombre ou de la menthe, ce qui donne des boissons estivales rafraîchissantes qui se marient parfaitement avec des entrées légères ou des sushis.

Le saké a également trouvé sa place dans la cuisine créative, non seulement comme boisson mais aussi comme ingrédient dans diverses recettes. En raison de ses propriétés fermentées, légèrement sucrées et riches en umami, le saké est de plus en plus utilisé comme ingrédient dans les sauces, les marinades et même les desserts. Surtout dans la technique de cuisson sous vide, dans laquelle les aliments sont cuits lentement à basse température, le saké est souvent ajouté comme ingrédient aromatisant pour donner à la viande, au poisson ou aux légumes une saveur particulière.

L'utilisation expérimentale du saké dans la cuisine moderne montre que cette boisson est bien plus qu'un accompagnement des plats traditionnels japonais. Il est devenu un élément polyvalent et innovant apprécié dans le monde entier et continue d'inspirer de nouvelles interprétations créatives dans le monde culinaire.

Bien que le saké soit fermement ancré dans la tradition japonaise, il a également acquis une importance et une acceptation internationales ces dernières années.

# La cérémonie de consommation du saké : rituels et étiquette

Boire du saké au Japon, c'est bien plus que simplement consommer une boisson alcoolisée. Le saké, un vin de riz traditionnel japonais, est apprécié depuis des siècles dans diverses cérémonies, célébrations et activités rituelles. Ces traditions reflètent à la fois les valeurs religieuses et sociales japonaises et sont profondément ancrées dans la culture japonaise. Pour bien comprendre le sens de la cérémonie du saké, il est important de se familiariser avec les rituels et l'étiquette qui l'entourent.

Le saké occupe une place centrale dans les cérémonies religieuses et les événements sociaux au Japon depuis plus de mille ans. Les preuves les plus anciennes de fabrication et de consommation de saké remontent à la période Nara (710-794 après JC), lorsque la culture du riz était florissante au Japon et que la boisson devenait de plus en plus importante en relation avec les rituels agricoles et religieux. Le saké joue un rôle particulièrement important dans le shintoïsme, car il est considéré comme une « boisson divine » souvent offerte en offrande aux dieux. De plus, le saké était également consommé lors d'occasions royales et nobles, ce qui lui assurait une place honorable dans la société.

Dans la religion shinto, le saké est considéré comme une boisson sacrée qui renforce le lien entre les humains et les divinités. Dans les cérémonies shinto, le saké est souvent présenté sous la forme d'« omiki », une offrande utilisée dans les rituels sacrés. Ces rituels visent à honorer les dieux et à rechercher leurs bénédictions. Un rituel spécial axé sur le saké est la cérémonie dite « Kagami Biraki », au cours de laquelle le tonneau contenant du saké est symboliquement ouvert. Le couvercle rond du tonneau est brisé avec un marteau en bois, marquant le début d'une occasion festive.

Le fait de boire du saké lors de telles cérémonies suit des règles strictes et des gestes symboliques. Le saké est servi dans des bols plats spéciaux, appelés « sakazuki ». Ces bols, souvent en bois ou en porcelaine, symbolisent la pureté et la simplicité. Le déroulement de ces cérémonies varie selon les occasions, mais l'accent est toujours mis sur l'humilité et le respect des divinités. Le saké est parfois consommé lors des mariages ou des célébrations du Nouvel An pour renforcer le lien entre les participants et espérer la bonne volonté des dieux.

Dans la vie quotidienne et lors des réunions sociales au Japon, la consommation de saké s'accompagne d'une variété de règles et de lois non écrites basées sur la politesse et le respect. L'une des traditions les plus importantes veut que les gens se versent du saké au lieu de se servir eux-mêmes. Ce rituel symbolise le respect mutuel et la gratitude. C'est un signe de politesse et de reconnaissance, notamment lors d'occasions formelles, comme les réunions d'affaires ou les fêtes de famille. Lorsque le saké est servi à quelqu'un, la personne qui le reçoit tient le bol à deux mains, ce qui est une expression de respect.

Dans de nombreux cas, le rang et la position d'une personne au sein d'un groupe sont également indiqués par le processus de consommation du saké. Il est de coutume que les personnes situées plus haut dans la hiérarchie soient servies en premier et soient également les premières à goûter le saké. Ce rituel renforce non seulement le sentiment de communauté, mais reflète également l'appréciation qui existe au sein de l'ordre social. Une fois que tous les membres du groupe ont pris leur part, ils lèvent le bol ensemble et portent un toast avec le mot « Kanpai », qui signifie « pour le bien ».

Une autre étiquette importante lorsque l'on boit du saké concerne la façon dont vous buvez le saké. Traditionnellement, le saké se déguste à petites gorgées pour célébrer l'apéro et la convivialité. Boire à la hâte, voire de manière imprudente, est considéré comme impoli. L'hôte ou la personne qui sert du saké surveille toujours de près si le verre d'un invité est vide, car il est considéré comme impoli de faire attendre quelqu'un.

Le saké est apprécié dans une variété de contextes, depuis les occasions informelles dans les foyers privés jusqu'aux événements hautement cérémoniaux. L'une des occasions les plus formelles au cours desquelles le saké est consommé est un mariage japonais. Lors des mariages traditionnels, le rituel « San-san-kudo » a souvent lieu, au cours duquel les mariés boivent à tour de rôle du saké trois fois dans trois bols différents. Cet acte symbolise le lien entre les deux familles et la promesse d'une vie conjugale harmonieuse.

Une autre occasion spéciale où le saké occupe une place centrale est le Nouvel An. Le jour du Nouvel An, de nombreux Japonais boivent un saké spécial appelé « toso ». Le Toso est un saké épicé infusé d'herbes médicinales et se boit traditionnellement pour bénir l'année à venir et chasser les mauvais esprits.

Le saké se décline en de nombreuses variétés différentes, qui varient en fonction de la méthode de production, du type de riz et de la région. Choisir le saké adapté à des occasions spécifiques peut jouer un rôle important, notamment lorsqu'il s'agit d'événements rituels ou festifs. Certains des types de saké les plus connus sont le « Junmai » (saké de riz pur), le « Ginjo » (saké de haute qualité avec du riz poli) et le « Daiginjo » (saké de qualité supérieure très fortement poli). Lors des occasions festives, un saké de haute qualité est souvent choisi pour souligner l'importance du moment.

Avec la mondialisation croissante et l'intérêt croissant pour la culture japonaise, la tradition de boire du saké a également changé et évolué. Aujourd'hui, le saké n'est plus seulement bu au Japon, mais il devient également de plus en plus populaire à l'échelle internationale. Les rituels traditionnels sont souvent interprétés et adaptés de nouvelles manières pour s'adapter aux circonstances modernes et aux cultures internationales.

Le saké est désormais servi dans les restaurants haut de gamme et lors d'événements culturels à travers le monde comme une boisson de haute qualité symbolisant une certaine sophistication et exclusivité. La variété des méthodes de service s'est également élargie. Alors que le saké était traditionnellement servi chaud pour développer ses arômes, il est aujourd'hui souvent servi frais ou sur glace. Cela montre que la culture du saké peut s'adapter avec flexibilité aux nouvelles tendances et préférences sans perdre ses racines.

La cérémonie de consommation du saké est profondément enracinée dans la culture japonaise et porte diverses significations, à la fois religieuses et sociales. Les rituels et l'étiquette entourant la consommation de saké reflètent le respect des traditions et représentent l'appréciation de la communauté et de la cohésion. Malgré la modernisation et la popularité croissante du saké dans d'autres parties du monde, boire cette boisson traditionnelle au Japon reste un acte festif et significatif qui trouve sa place aussi bien dans les cérémonies religieuses que dans les occasions sociales. La culture du saké prospère non seulement grâce à sa tradition séculaire, mais également grâce à sa capacité à s'adapter aux nouveaux contextes et aux nouvelles générations.

En conclusion, la cérémonie de consommation du saké est un rituel complexe et significatif qui combine de profonds aspects culturels, religieux et sociaux. C'est une expression de communauté, de respect et de gratitude qui n'a rien perdu de son sens au fil des siècles. Le respect de l'étiquette et des rituels confère à cette cérémonie une profondeur et une beauté particulières qui vont bien au-delà du simple fait de boire un verre.

# Les bienfaits du saké pour la santé : mythe ou réalité ?

L'étude scientifique des effets du saké sur la santé est un domaine de recherche fascinant qui combine connaissances traditionnelles et médecine moderne. On dit depuis des siècles que le vin de riz japonais a des effets bénéfiques sur la santé, mais seules les recherches modernes ont permis de jeter un regard plus nuancé sur ces hypothèses traditionnelles.

La composition biochimique du saké présente certaines particularités qui le distinguent des autres boissons alcoolisées. Le processus de fermentation, qui utilise des champignons koji et des levures spéciales, produit diverses substances bioactives. Ces composés, qui comprennent des peptides, des acides aminés, des vitamines et des composés phénoliques, font actuellement l'objet de recherches en santé.

Une particularité du saké est sa teneur élevée en acides aminés, nettement supérieure à celle des autres boissons fermentées. Ces acides aminés jouent un rôle important dans le métabolisme humain et peuvent influencer divers processus physiologiques. Des études scientifiques ont montré que certains acides aminés contenus dans le saké possèdent des propriétés antioxydantes et peuvent donc potentiellement contribuer à la protection contre le stress oxydatif.

Les peptides contenus dans le saké, chaînes courtes d'acides aminés, ont montré des activités biologiques intéressantes lors d'études en laboratoire. Certains de ces peptides ont des propriétés antihypertensives en inhibant l'enzyme de conversion de l'angiotensine (ECA). Cette découverte a suscité l'intérêt de la recherche pharmaceutique, car les inhibiteurs de l'ECA jouent un rôle important dans le traitement de l'hypertension artérielle.

Un autre aspect notable est la teneur en acide kojique du saké, produit par le champignon koji lors de la fermentation. Ce composé présente des propriétés antimicrobiennes et est utilisé dans l'industrie cosmétique comme agent blanchissant la peau. Des recherches récentes suggèrent que l'acide kojique pourrait également avoir des propriétés anti-inflammatoires, apportant ainsi un soutien scientifique à son utilisation traditionnelle en médecine orientale.

Les vitamines contenues dans le saké, notamment les vitamines B, sont produites par l'activité des levures lors du processus de fermentation. Ces vitamines jouent un rôle important dans le métabolisme énergétique et la formation des globules rouges. Le complexe de vitamines B contenu dans le saké pourrait ainsi contribuer à couvrir les besoins quotidiens en vitamines, même si une consommation modérée constitue bien entendu une condition préalable importante.

Un domaine de recherche intéressant concerne les propriétés prébiotiques de certains ingrédients du saké. Les oligosaccharides formés lors de la fermentation peuvent servir de source de nourriture aux bactéries intestinales bénéfiques et ainsi potentiellement contribuer à la santé intestinale. Cette découverte ouvre de nouvelles perspectives pour le développement d'aliments fonctionnels à base de saké.

Les propriétés antioxydantes du saké font l'objet de recherches intensives. Différents composés phénoliques formés lors de la fermentation peuvent neutraliser les radicaux libres et ainsi réduire le stress oxydatif. Ce mécanisme pourrait jouer un rôle dans la prévention de diverses maladies liées à l'âge, même si des recherches supplémentaires sont nécessaires pour confirmer la pertinence clinique de ces résultats de laboratoire.

Un aspect notable de la recherche sur le saké concerne le rôle des produits de fermentation dans la modulation immunetaire. Des études ont montré que certains peptides et polysaccharides du saké peuvent avoir des propriétés immunostimulantes. Ces découvertes pourraient ouvrir de nouvelles perspectives pour le développement de thérapies immunomodulatrices.

La médecine traditionnelle japonaise attribue au saké un effet positif sur la santé de la peau. Des études dermatologiques modernes ont montré que certains ingrédients du saké possèdent des propriétés hydratantes et revitalisantes pour la peau. Ces découvertes ont conduit au développement de divers produits cosmétiques à base de saké.

Un autre domaine de recherche intéressant concerne les éventuels effets neuroprotecteurs de certains ingrédients du saké. Des études en laboratoire ont montré que des peptides et des antioxydants spécifiques issus du saké peuvent protéger les cellules nerveuses du stress oxydatif. Ces résultats pourraient être pertinents pour le développement de stratégies préventives contre les maladies neurodégénératives.

Les effets métaboliques du saké diffèrent de ceux des autres boissons alcoolisées sur plusieurs aspects. La teneur élevée en acides aminés et en peptides pourrait affecter le métabolisme d'une manière différente de celle, par exemple, du vin ou de la bière. Certaines études suggèrent qu'une consommation modérée de saké pourrait avoir des effets positifs sur le métabolisme du glucose et des lipides.

Un aspect important de la recherche sur la santé du saké concerne la biodisponibilité des différents ingrédients. La matrice complexe de la boisson peut influencer l'absorption de certains composés au niveau du tube digestif. Les études scientifiques sur la biodisponibilité permettent de mieux évaluer la pertinence physiologique réelle des différents ingrédients.

Le rôle du saké dans la prévention des maladies cardiovasculaires est controversé. Alors que certaines études suggèrent des effets positifs sur la tension artérielle et le taux de cholestérol, d'autres incitent à la prudence en raison de la teneur en alcool. L'évaluation scientifique doit mettre en balance les effets positifs des substances bioactives et les risques connus de la consommation d'alcool.

Un aspect fascinant de la recherche sur le saké concerne l'interaction de différents ingrédients. La composition complexe de la boisson conduit à des effets synergiques dans lesquels différents composants peuvent se renforcer mutuellement. Ces effets synergiques rendent plus difficile l'évaluation scientifique des ingrédients individuels, mais peuvent expliquer une partie de l'effet sur la santé.

Les propriétés anti-inflammatoires de certains composants du saké font actuellement l'objet de recherches. Des études en laboratoire ont montré que divers peptides et composés phénoliques peuvent présenter des effets anti-inflammatoires. Ces résultats pourraient être pertinents pour le développement de nouvelles approches thérapeutiques dans les maladies inflammatoires.

Un aspect important de la recherche en santé sur le saké concerne la dépendance à la dose des différents effets. Même si des quantités modérées d'alcool peuvent avoir des effets potentiellement positifs, les effets négatifs de l'alcool prédominent en cas de consommation plus élevée. Déterminer les dosages optimaux pour divers effets sur la santé représente un défi important.

Le rôle du saké en médecine nutritionnelle est de plus en plus étudié scientifiquement. La teneur élevée en acides aminés essentiels et en vitamines pourrait contribuer à l'apport de nutriments, même si la teneur en alcool doit bien entendu être prise en compte. Certains groupes de recherche travaillent au développement de variantes de saké sans alcool contenant des ingrédients bons pour la santé.

Un domaine de recherche intéressant concerne les effets du saké sur la flore intestinale. Les glucides complexes et les peptides issus du processus de fermentation peuvent favoriser la croissance de certaines espèces bactériennes et ainsi influencer la composition du microbiome. Ces résultats ouvrent de nouvelles perspectives pour le développement de produits probiotiques.

La recherche dermatologique sur le saké a fourni des informations intéressantes sur les propriétés de divers ingrédients en matière de soin de la peau. Outre le célèbre acide kojique, d'autres composants ont également des effets positifs sur la barrière cutanée et l'hydratation de la peau. Ces découvertes ont conduit au développement de divers produits dermatologiques.

Un aspect important de la recherche en santé concerne les différences de qualité entre les différents types de saké. Les sakés haut de gamme contiennent souvent des niveaux plus élevés de substances bioactives que les versions plus simples. Ces différences doivent être prises en compte lors de l'évaluation des effets sur la santé.

Le rôle du saké dans la médecine traditionnelle est de plus en plus étudié scientifiquement. De nombreuses utilisations traditionnelles peuvent s'expliquer par les effets d'ingrédients spécifiques. Cette combinaison de savoirs traditionnels et de recherche moderne ouvre de nouvelles perspectives pour le développement d'approches thérapeutiques.

Un aspect fascinant de la recherche sur le saké concerne les effets épigénétiques de certains ingrédients. Des études en laboratoire ont montré que certains composants peuvent influencer l'expression des gènes. Ces résultats pourraient être pertinents pour comprendre les effets à long terme sur la santé.

Le rôle du saké dans la régulation de l'équilibre acido-basique est controversé. Certaines études suggèrent des effets positifs de certains peptides et minéraux, tandis que d'autres soulignent l'importance de la teneur en alcool. L'évaluation scientifique doit ici prendre en compte différents facteurs.

Un domaine de recherche important concerne les effets du saké sur le métabolisme osseux. Certaines études suggèrent que certains ingrédients peuvent affecter l'absorption du calcium. Ces résultats pourraient être pertinents pour la prévention de l'ostéoporose.

Les effets neurologiques du saké font l'objet de recherches intensives. Outre les effets bien connus de l'alcool, certains ingrédients présentent des propriétés neuroprotectrices intéressantes. Ces résultats pourraient être pertinents pour le développement de nouvelles approches thérapeutiques pour les maladies neurologiques.

Un aspect fascinant de la recherche sur le saké concerne son interaction avec le système endocrinien. Certaines études suggèrent que certains peptides peuvent produire des effets semblables à ceux des hormones. Ces résultats ouvrent de nouvelles perspectives pour la recherche endocrinologique.

Le rôle du saké dans la cicatrisation des plaies est de plus en plus étudié scientifiquement. Les utilisations traditionnelles dans le traitement des plaies peuvent s'expliquer en partie par les propriétés antimicrobiennes et anti-inflammatoires de certains ingrédients. Ces résultats pourraient être pertinents pour le développement de nouveaux produits de traitement des plaies.

Un aspect important de la recherche en santé concerne les effets du saké sur le système digestif. Outre les effets prébiotiques, certains ingrédients ont des effets positifs sur la muqueuse gastrique. Ces résultats pourraient être pertinents pour le développement de thérapies gastroprotectrices.

Les effets immunologiques du saké font l'objet de recherches actuelles. Diverses études suggèrent que certains peptides et polysaccharides peuvent moduler la réponse immunitaire. Ces résultats pourraient être pertinents pour le développement d'approches immunothérapeutiques.

Un domaine de recherche intéressant concerne les effets du saké sur le métabolisme énergétique. Certaines études suggèrent que certains ingrédients pourraient affecter la fonction mitochondriale. Ces résultats pourraient être pertinents pour comprendre les effets métaboliques.

La capacité antioxydante du saké est déterminée par divers composants. Outre les composés phénoliques, les peptides et les vitamines contribuent également au potentiel antioxydant. L'importance de ces propriétés pour la santé continue de faire l'objet de recherches.

Un aspect important de la recherche en santé concerne les effets du saké sur le métabolisme des lipides. Certaines études suggèrent des effets positifs de certains peptides sur le taux de cholestérol. Ces résultats pourraient être pertinents pour la prévention des maladies cardiovasculaires.

Les propriétés antivirales de certains composants du saké font actuellement l'objet de recherches. Des études en laboratoire ont montré que certains peptides peuvent inhiber la reproduction de certains virus. Ces résultats ouvrent de nouvelles perspectives pour la thérapie antivirale.

Un aspect fascinant de la recherche sur le saké concerne ses effets sur la sénescence cellulaire. Certaines études suggèrent que certains ingrédients pourraient influencer le processus de vieillissement au niveau cellulaire. Ces résultats pourraient être pertinents pour le développement de stratégies anti-âge.

L'analyse scientifique des effets du saké sur la santé montre une image différenciée. D'une part, il a été prouvé que la boisson au riz traditionnelle japonaise contient des composés bioactifs tels que des peptides et des acides aminés qui peuvent avoir des effets positifs sur l'organisme humain. Il convient de noter en particulier les propriétés antioxydantes et la teneur en acide kojique, qui peuvent contribuer à la santé de la peau.

D'un autre côté, il faut souligner que bon nombre des effets curatifs traditionnellement attribués au saké n'ont pas été suffisamment prouvés scientifiquement. Comme pour toutes les boissons alcoolisées, en cas de consommation excessive, les risques pour la santé dépassent largement les avantages potentiels. Les effets positifs de certains ingrédients ne justifient en aucun cas une recommandation de consommation de saké pour des raisons de santé.

En résumé, on peut dire que le saké peut avoir des aspects positifs lorsqu'il est consommé avec modération et dans le cadre d'une alimentation équilibrée. Cependant, les promesses mythiques de salut du passé doivent être remises en question de manière critique. D'autres études scientifiques sont nécessaires pour mieux comprendre les mécanismes d'action spécifiques des composants bioactifs et pouvoir évaluer de manière fondée leur potentiel thérapeutique.

# Brasseries de saké traditionnelles renommées au Japon

Les brasseries de saké japonaises jouent un rôle important dans l'histoire culturelle et culinaire du Japon. Le saké, une boisson alcoolisée traditionnelle à base de riz, a une histoire longue et complexe qui remonte à plusieurs siècles. Les brasseries qui produisent du saké sont souvent des entreprises familiales qui transmettent leur savoir et leur savoir-faire de génération en génération. Certaines des brasseries les plus anciennes et les plus renommées existent depuis des siècles et ont acquis une excellente réputation grâce à leur qualité et leur savoir-faire.

L'histoire du saké remonte à au moins 2 000 ans. Les premières preuves de production de saké remontent à la période Yayoi (300 avant JC à 300 après JC), lorsque la culture du riz humide s'est implantée au Japon. Avec l'introduction de techniques de brassage plus avancées et le développement de cultures de moisissures (koji) au fil des siècles, le saké a connu un essor et est rapidement devenu une partie intégrante de la culture et de la religion japonaises.

Traditionnellement, le saké était brassé dans les temples et les sanctuaires pour être utilisé comme offrande aux dieux. Ce lien spirituel se reflète encore aujourd'hui dans de nombreux rituels dans lesquels le saké joue un rôle central. Cependant, en plus de sa signification religieuse, le saké a également gagné en importance dans la société japonaise quotidienne et est devenu une boisson populaire lors des festivals, cérémonies et occasions sociales.

Il existe de nombreuses brasseries de saké célèbres au Japon, connues pour leurs produits exceptionnels. Chaque région du Japon a ses propres traditions et méthodes de production de saké, souvent influencées par les conditions climatiques locales et les ingrédients utilisés. La qualité de l'eau, les variétés de riz et la température jouent un rôle crucial dans la production d'un saké de haute qualité.

## À ce stade, je voudrais énumérer quelques-unes des brasseries les plus connues :

### Daimon Shuzo (Osaka)

La brasserie Daimon, fondée en 1826, est située dans la préfecture d'Osaka et produit des variétés de saké de haute qualité reconnues au Japon et à l'international. Il se caractérise par l'utilisation d'un savoir-faire traditionnel associé à des techniques modernes.

Daimon Shuzo, dans la préfecture d'Osaka, est une brasserie de saké traditionnelle fondée en 1826 et restée depuis lors une entreprise familiale. Il est surtout connu pour ses variétés de saké fabriquées à la main, qui sont de plus en plus reconnues au Japon et de plus en plus à l'échelle internationale. La brasserie s'est bâtie au fil du temps une excellente réputation en alliant techniques traditionnelles et technologies modernes, avec un accent particulier sur la qualité des ingrédients.

Daimon Shuzo s'est fait un nom principalement grâce à la production de variétés de saké de haute qualité caractérisées par la pureté, l'élégance et la complexité. La brasserie est située à Katano, un quartier d'Osaka connu pour la bonne qualité de son eau. L'eau est l'un des ingrédients les plus importants dans la production du saké, et Daimon Shuzo utilise l'eau claire et douce de la région pour produire un saké particulièrement fin et équilibré.

Une autre particularité de la brasserie est le soin particulier apporté à la sélection du riz utilisé. Elle utilise des variétés de riz de haute qualité, comme le célèbre « Yamada Nishiki », considéré comme le « roi du riz à saké » et idéal pour la production de saké en raison de sa haute qualité et de sa forte teneur en amidon. Le degré de polissage du riz, souvent signe de la qualité d'un saké, est traité avec un soin particulier chez Daimon Shuzo. Plus le degré de polissage est élevé, plus le goût du saké est fin et élégant.

Les variétés de saké de Daimon Shuzo se caractérisent par leur équilibre et la pureté de leur goût. Un exemple frappant en est la « Rikyubai », l'une des marques les plus connues de la brasserie, qui se caractérise par son goût clair, sec et profond. Ce type de saké est particulièrement apprécié pour sa polyvalence et est idéal pour accompagner divers plats, car il soutient le goût des aliments sans les dominer.

La particularité du saké Daimon Shuzo réside dans la méthode de brassage traditionnelle, qui a été préservée malgré les techniques de production modernes. La brasserie utilise le procédé Kimoto, un procédé de brassage traditionnel qui favorise le développement naturel de l'acide lactique, ce qui confère au saké une note particulièrement profonde, complexe et légèrement acidulée. Le processus Kimoto est extrêmement laborieux et demande beaucoup de temps et de patience, mais il est très apprécié des connaisseurs car il confère au saké une dimension gustative unique que l'on ne retrouve souvent pas dans le saké fabriqué à la machine.

De plus, Daimon Shuzo est connu pour son implication dans le développement de la culture du saké. La brasserie organise régulièrement des dégustations, des visites et des ateliers sur le saké où les visiteurs peuvent en apprendre davantage sur le processus de brassage et l'histoire du saké. Cela reflète l'engagement de la brasserie à promouvoir l'appréciation et la compréhension du saké traditionnel au Japon et à l'international.

Ces dernières années, Daimon Shuzo a réussi la transition d'une brasserie axée uniquement sur le marché intérieur à un producteur de renommée internationale. Ceci a été réalisé en partie grâce à une étroite collaboration avec des sommeliers et des experts en saké qui ont introduit le saké sur les marchés internationaux.

La brasserie a non seulement adapté son produit aux goûts internationaux, mais reste en même temps fidèle à sa production traditionnelle. Un exemple en est le « Junmai Daiginjo », l'une des catégories de saké de la plus haute qualité, où le riz est particulièrement poli pour obtenir un goût plus pur et plus nuancé. Cette variété est particulièrement appréciée à l'étranger car elle représente la sophistication et l'élégance du saké au plus haut niveau.

Même si Daimon Shuzo a une longue histoire, la brasserie est ouverte à l'innovation. Plus récemment, elle s'est spécialisée dans la production de saké, fabriqué en petites séries pour assurer un contrôle encore plus poussé du goût et de la qualité. Ces variétés dites « de saké artisanal » sont une expression de la tendance à mettre l'accent sur le savoir-faire du brassage du saké et ont une base de fans croissante dans le monde entier.

Daimon Shuzo a commencé à affiner davantage ses techniques de fermentation et expérimente de nouvelles variétés de riz et cultures de levure pour différencier davantage la saveur de leur saké. Cette quête d'innovation, associée à de profondes racines dans la tradition, fait de Daimon Shuzo l'une des brasseries les plus passionnantes du Japon.

Daimon Shuzo est un exemple exceptionnel de la façon dont l'artisanat traditionnel et la pensée moderne peuvent fusionner pour créer un produit qui honore le passé et est tourné vers l'avenir. Leur engagement en faveur de la qualité et de l'innovation a fait de la brasserie un acteur majeur de l'industrie du saké, tant au Japon que dans le monde.

### Tedorigawa (Ishikawa)

Située dans la préfecture d'Ishikawa, cette brasserie est connue pour ses variétés de saké raffinées, appréciées tant au niveau national qu'à l'étranger. Géré par la famille Yoshida depuis des siècles, Tedorigawa allie les traditions artisanales à un goût exceptionnellement clair et pur.

La brasserie Tedorigawa, basée dans la préfecture d'Ishikawa, est l'une des brasseries de saké les plus renommées du Japon et possède une longue tradition remontant au 19e siècle. La brasserie a été fondée en 1870 et appartient depuis lors à la famille Yoshida, qui dirige l'entreprise depuis plusieurs générations. Tedorigawa est particulièrement connu pour la grande qualité de son saké artisanal, qui jouit d'une grande réputation tant au Japon qu'à l'international.

Tedorigawa est surtout connu pour produire du saké caractérisé par sa pureté, sa finesse et sa complexité. La brasserie a acquis la réputation d'intégrer à la fois des méthodes de production traditionnelles et des innovations modernes dans son processus de brassage. Il convient particulièrement de noter la sélection minutieuse des ingrédients, qui constituent la base de la qualité exceptionnelle du saké.

La région d'Ishikawa, où est implantée la brasserie, est réputée pour ses ressources naturelles, qui ont un impact non négligeable sur le saké. La proximité de la rivière Tedori, d'où la brasserie tire son nom, joue un rôle crucial puisque l'eau claire et douce de la rivière est utilisée comme ingrédient de base pour le saké. De plus, le climat frais de la région offre des conditions idéales pour le processus de fermentation, ce qui rend le saké particulièrement pur et rafraîchissant.

Une caractéristique clé de la brasserie Tedorigawa est l'accent mis sur le saké Junmai, en utilisant uniquement du riz, de l'eau, de la levure et de la moisissure koji, sans ajout d'alcool supplémentaire. Ce type de saké est considéré comme étant de qualité particulièrement élevée car il met en valeur le goût naturel des ingrédients. Tedorigawa produit une large gamme de variétés Junmai, dont beaucoup sont connues pour leur profondeur et leur élégance.

Les variétés de saké de Tedorigawa se caractérisent par leur clarté et leur goût bien équilibré. Ils offrent un mélange harmonieux de douceur, d'acidité et d'umami, ce qui en fait un compagnon idéal pour de nombreux plats différents. A noter particulièrement la « Tedorigawa Yamahai Junmai », l'une des variétés les plus connues et les plus appréciées de la brasserie. Ce saké est fabriqué selon le processus traditionnel Yamahai, où le processus de fermentation est plus lent, ce qui laisse plus de temps pour que des saveurs plus profondes et plus complexes se développent. Le saké Yamahai de Tedorigawa a un goût distinct légèrement aigre avec une touche de noisette, ce qui le rend particulièrement populaire auprès des connaisseurs de saké.

Le procédé Yamahai, similaire au procédé Kimoto, repose sur des processus naturels dans lesquels l'acide lactique se développe seul plutôt que d'être ajouté artificiellement. Il en résulte un saké plus ample et plus robuste avec une finale légèrement acidulée. Tedorigawa est l'une des rares brasseries à maîtriser cette technique et à l'utiliser régulièrement pour rehausser le caractère complexe et nuancé de son saké.

Un autre produit remarquable de la brasserie est le « Tedorigawa Daiginjo », un saké extrêmement finement poli, connu pour sa pureté et son élégance. Daiginjo est l'une des catégories de saké de la plus haute qualité, où le riz est poli à au moins 50 % de son volume d'origine. Cependant, le Tedorigawa subit souvent un polissage supplémentaire pour obtenir une texture encore plus fine et une saveur subtile. Ce type de saké est particulièrement apprécié des gourmets et des amateurs de saké haut de gamme car il impressionne par sa légèreté, ses notes florales et sa finale claire et rafraîchissante.

La Brasserie Tedorigawa est profondément ancrée dans la tradition japonaise du saké et attache une grande importance à la préservation des anciennes techniques de brassage. Dans le même temps, la brasserie fait preuve d'une volonté remarquable d'expérimenter de nouvelles approches et innovations. La brasserie a réussi à combiner des procédés traditionnels tels que le Yamahai et le Daiginjo avec la technologie moderne pour améliorer continuellement la qualité du saké.

Un aspect important de la philosophie de la brasserie est le savoir-faire des maîtres brasseurs, les soi-disant « Toji ». Ces artisans qualifiés supervisent chaque étape du processus de brassage, de la sélection du riz et de la levure à la fermentation et à la mise en bouteille. L'utilisation de l'expertise humaine couplée à des techniques de brassage séculaires permet à Tedorigawa de produire du saké d'une qualité et d'une régularité exceptionnelles.

Une autre particularité de la brasserie est son engagement à promouvoir la culture locale du saké et à transmettre les connaissances sur l'art du brassage du saké aux générations futures. Tedorigawa travaille en étroite collaboration avec les agriculteurs locaux pour garantir que le riz utilisé est de la plus haute qualité et que les pratiques agricoles sont durables et respectueuses de l'environnement. Cette conscience de l'environnement et de la communauté locale se reflète dans toute la philosophie de production de la brasserie.

Ces dernières années, la brasserie Tedorigawa a attiré une attention internationale croissante, notamment grâce à sa participation à des concours et dégustations internationaux de saké. Le saké de la brasserie a remporté de nombreux prix, notamment des médailles d'or dans des concours tels que le « Kura Master » en France, spécialisé dans l'évaluation du saké haut de gamme. Ces récompenses internationales ont contribué à consolider davantage la réputation de Tedorigawa comme l'une des meilleures brasseries de saké du Japon.

Une autre raison du succès international croissant des Tedorigawa est la polyvalence de leur saké, idéal pour accompagner une grande variété de cuisines. Alors que le saké est traditionnellement servi avec des plats tels que les sushis et les tempura au Japon, les variétés de Tedorigawa se marient également bien avec les plats internationaux. Les saveurs claires et fraîches du saké Daiginjo se marient bien avec les plats de poisson légers ou les salades, tandis que le saké Yamahai, plus fort, est idéal avec la viande grillée ou le fromage.

L'avenir de la brasserie Tedorigawa s'annonce prometteur car elle continue de s'efforcer de préserver sa tradition artisanale tout en explorant de nouvelles voies dans la production de saké. La plus jeune génération de la famille Yoshida a commencé à intégrer des techniques et des approches modernes pour optimiser la production tout en maintenant des normes de qualité élevées. Cela inclut l'utilisation de systèmes de contrôle de la température pendant la fermentation pour assurer un contrôle plus précis du processus de brassage, ainsi que la recherche continue de nouvelles cultures de levure capables d'affiner davantage le goût et l'arôme du saké.

Malgré son succès international, Tedorigawa reste étroitement lié à sa région d'origine et soutient activement les initiatives locales visant à préserver la culture et le patrimoine de la production de saké à Ishikawa. C'est un symbole de l'harmonie entre tradition et innovation qui continue de caractériser l'industrie du saké.

Tedorigawa représente une combinaison exceptionnelle de tradition, de savoir-faire et d'approche moderne de la production de saké. Connue à la fois pour sa qualité sans compromis et sa volonté d'innover, la brasserie reste un phare dans le paysage du saké japonais, bénéficiant d'une popularité croissante sur les marchés internationaux.

**Gekkeikan (Kyoto)**

La brasserie Gekkeikan, l'une des brasseries de saké les plus anciennes et les plus connues du Japon, a été fondée en 1637 à Fushimi, un quartier de Kyoto. Gekkeikan est célèbre non seulement pour son histoire et sa tradition impressionnantes, mais également pour son innovation et son engagement dans la promotion de la culture du saké au Japon et dans le monde. La brasserie est aujourd'hui l'un des plus grands producteurs de saké du Japon, produisant une large gamme de variétés de saké qui plaisent à la fois aux goûts traditionnels et modernes.

Gekkeikan est surtout connu pour sa longue histoire et sa contribution à la modernisation de l'industrie du saké. Avec plus de 380 ans d'expérience dans la production de saké, la brasserie a non seulement un lien profond avec la culture japonaise, mais a également joué un rôle crucial dans le développement et la distribution du saké dans le monde. Le nom « Gekkeikan » signifie « couronne de laurier », un symbole de réussite et de renommée qui reflète la revendication de la brasserie de la plus haute qualité et de la constance de sa production.

La brasserie est également connue pour utiliser certaines des technologies les plus modernes dans la production de saké, sans pour autant négliger les méthodes de brassage traditionnelles. Gekkeikan a apporté une contribution significative à la standarisation des processus de production, qui ont permis de produire du saké à plus grande échelle et avec une qualité constante. Parallèlement, la brasserie attache une grande importance à la sélection et à la qualité des matières premières, notamment le riz et l'eau.

Un autre domaine dans lequel Gekkeikan se démarque est son influence mondiale. Gekkeikan a été l'une des premières brasseries japonaises à exporter du saké à l'échelle internationale et a contribué à promouvoir la compréhension et l'appréciation mondiales du saké en tant que spiritueux de haute qualité. La brasserie a même ouvert une usine de production en Californie, aux États-Unis, en 1989, pour desservir le marché en pleine croissance en dehors du Japon.

L'une des caractéristiques remarquables du saké Gekkeikan est la diversité de l'offre, qui va des variétés bon marché et courantes aux sakés haut de gamme les plus chers. Cette large gamme de produits permet à Gekkeikan de répondre à différents goûts et préférences et d'offrir un produit adapté aussi bien aux débutants qu'aux connaisseurs de saké.

Un produit populaire et classique de Gekkeikan est le « Gekkeikan Traditional », qui se caractérise par sa facilité de boisson, ses arômes doux et un mélange bien équilibré de douceur et d'acidité. Ce saké est idéal pour un usage quotidien et se marie bien avec une variété de plats. Il s'agit d'un Junmai-Shu, c'est-à-dire un saké fabriqué exclusivement à partir de riz, d'eau, de koji et de levure et ne contenant aucun alcool ajouté. Cela garantit un goût clair et propre qui fait ressortir les saveurs naturelles du riz utilisé.

Un autre produit bien connu est le « Gekkeikan Horin Junmai Daiginjo », un saké haut de gamme dans lequel le riz est poli à un très haut degré pour obtenir un goût particulièrement fin et élégant. Connu pour ses notes florales et sa texture soyeuse, ce saké est idéal pour les occasions spéciales ou comme cadeau. Le Horin Daiginjo est un exemple typique du savoir-faire de Gekkeikan dans la production de saké hautement raffiné qui met en valeur les saveurs délicates et subtiles du riz.

Une particularité de la brasserie Gekkeikan est également sa capacité à combiner les méthodes de production de saké traditionnelles et modernes. Un bon exemple en est leur Tokubetsu Junmai, un « Junmai spécial » caractérisé par un degré de polissage légèrement plus élevé du riz et une sélection plus minutieuse des ingrédients. Ce saké a un corps riche et une légère acidité, ce qui en fait un accompagnement polyvalent pour divers plats.

L'emplacement de la brasserie Gekkeikan à Fushimi, Kyoto joue un rôle crucial dans la qualité de son saké. Fushimi est connue pour ses excellentes sources d'eau, qui contiennent une eau douce et riche en minéraux. Cette eau, issue de sources souterraines, a une grande influence sur le goût du saké, car elle favorise le processus de fermentation et confère au produit final une note douce et harmonieuse. De nombreuses brasseries de Fushimi, dont Gekkeikan, attribuent le caractère unique de leur saké à cette eau spéciale, idéale pour la production de saké.

Le lien avec la région est également visible dans la sélection du riz. Gekkeikan utilise des variétés de riz de haute qualité telles que le « Yamada Nishiki » et le « Gohyakumangoku » dans bon nombre de ses sakés haut de gamme, connus pour leur haute qualité et leur teneur idéale en amidon. Le riz est réduit à différents niveaux de polissage en fonction de la catégorie de saké souhaitée pour obtenir la saveur et la texture souhaitées. Ce contrôle précis des matières premières permet de garantir que le saké Gekkeikan répond systématiquement à des normes de qualité élevées.

Gekkeikan est connu non seulement pour ses produits traditionnels, mais également pour son rôle de pionnier dans la recherche et le développement de nouvelles technologies et techniques de production de saké. La brasserie gère son propre institut de recherche où elle travaille en permanence à l'amélioration des processus de production et au développement de nouveaux types de saké. Un exemple de cette force d'innovation est l'introduction de systèmes modernes de contrôle de la température qui permettent un contrôle encore plus précis du processus de fermentation. Cette technique garantit que le saké est produit dans des conditions optimales, ce qui donne un produit final homogène et de haute qualité.

Une autre approche innovante adoptée par la brasserie est le développement de produits à base de saké qui répondent aux tendances croissantes en matière de sensibilisation à la santé. Par exemple, Gekkeikan a introduit un « saké à faible teneur en alcool » qui a une teneur en alcool plus faible tout en offrant tout le goût d'un saké classique. Cette gamme de produits s'adresse aux consommateurs qui souhaitent profiter d'un saké plus léger sans sacrifier le goût et les arômes caractéristiques.

En plus de produire du saké, Gekkeikan joue un rôle important dans la promotion et la préservation de la culture japonaise du saké. La brasserie exploite son propre musée, le Gekkeikan Okura Sake Museum, où les visiteurs peuvent explorer l'histoire et l'art du brassage du saké. Installé dans un bâtiment historique datant de 1909, le musée offre une mine d'informations sur le processus de brassage, l'évolution de la production du saké et l'importance du saké dans la culture japonaise. C'est une destination populaire auprès des touristes et des locaux qui souhaitent en savoir plus sur cette brasserie de longue date et sur le monde du saké.

De plus, Gekkeikan participe activement à la formation de la prochaine génération de brasseurs de saké et à la promotion de la transmission des savoirs traditionnels. La brasserie travaille en étroite collaboration avec des institutions locales et internationales pour faire connaître et apprécier le saké. Cette approche pédagogique montre à quel point Gekkeikan s'engage à préserver le riche héritage du brassage du saké tout en préparant l'avenir de l'industrie.

Gekkeikan s'est imposé comme un leader mondial dans l'industrie du saké et est présent dans plus de 60 pays à travers le monde. La création de Gekkeikan Sake (USA) Inc. en Californie en 1989 constitue une étape importante vers l'internationalisation. Cette usine de production américaine produit du saké spécifiquement pour le marché américain et a joué un rôle déterminant dans la sensibilisation au saké dans les pays occidentaux. La branche américaine utilise des ingrédients locaux mais reste fidèle à la méthode de production traditionnelle, garantissant ainsi que le saké conserve la haute qualité du Gekkeikan même à l'étranger.

L'expansion internationale de la brasserie démontre également l'adaptabilité de Gekkeikan aux différents marchés et préférences culturelles. Alors que le marché intérieur continue de s'appuyer sur le saké traditionnel, Gekkeikan developpe des produits qui plaisent aux goûts des consommateurs internationaux, tels que : B. des sakés plus sucrés ou aromatisés. Cette polyvalence a contribué à établir le saké sur la scène mondiale en tant que spiritueux polyvalent et de haute qualité.

Gekkeikan est une brasserie qui honore non seulement la tradition du brassage du saké, mais qui joue également un rôle de premier plan dans l'industrie moderne du saké. En combinant un savoir-faire séculaire avec des technologies innovantes, Gekkeikan est devenu un symbole de durabilité, de qualité et de succès international.

## Dassaï (Yamaguchi)

La brasserie Asahi Shuzo, qui produit le populaire saké Dassai, est particulièrement connue pour son approche innovante de la production de saké. Ils se spécialisent dans la production de saké avec un haut degré de polissage, ce qui donne un goût particulièrement délicat et élégant. Dassai est un excellent exemple de la façon dont les méthodes de brassage traditionnelles peuvent être combinées avec la technologie moderne.

La brasserie Dassai, officiellement connue sous le nom de « Asahi Shuzo », est située dans la préfecture de Yamaguchi, à l'ouest du Japon. Il s'agit d'une brasserie relativement jeune dans la longue histoire de la production de saké japonaise, mais qui a rapidement acquis une excellente réputation et est désormais considérée comme l'une des brasseries de saké les plus célèbres et innovantes du Japon. Dassai est particulièrement connu pour son saké Daiginjo, une des catégories de saké de la plus haute qualité, caractérisé par un poli de riz extrêmement élevé et une finesse particulière.

Dassai est surtout connu pour produire du saké daiginjo de première qualité. La brasserie se concentre exclusivement sur cette catégorie, ce qui la distingue de nombreux autres producteurs de saké qui produisent différents types de saké comme le Junmai, le Honjozo ou le Futsushu. Cette focalisation sur le daiginjo, connu pour sa production élaborée et son haut niveau de polissage du riz, a fait de Dassai une marque leader dans le segment premium.

Le nom « Dassai » lui-même a une signification particulière. Traduit, cela signifie quelque chose comme « carpe éparse » et fait référence à une légende locale et à un poète célèbre qui était appelé le « Dassai humain » parce que ses textes étaient souvent dispersés autour de lui. La brasserie a choisi ce nom pour symboliser à la fois son respect de la tradition et son attitude créative et innovante.

Dassai est également connu pour son innovation technologique. Alors que de nombreuses brasseries traditionnelles s'appuient encore largement sur des techniques artisanales, Dassai a été la première à intégrer les technologies modernes pour garantir la qualité et la cohérence de leur saké. Cette volonté d'innover, combinée à une profonde compréhension de l'art traditionnel du brassage, a fait de Dassai l'une des marques de saké les plus prospères au monde.

La spécialité du Saké Dassai réside dans sa méthode de production et dans l'exigence élevée que la brasserie impose à ses produits. Un aspect clé est le niveau de polissage exceptionnellement élevé du riz utilisé pour produire le saké Dassai. Alors qu'un daiginjo ordinaire polit le riz jusqu'à environ 50 % de son volume d'origine, Dassai va souvent plus loin et polit le riz jusqu'à 23 % de sa taille d'origine. Cela signifie que seul le grain du grain de riz, constitué presque entièrement d'amidon, est utilisé dans le processus de brassage, conférant au saké une texture particulièrement fine et des saveurs subtiles.

Dassai propose plusieurs variantes de daiginjo, caractérisées par différents degrés de polissage du riz. L'une des variétés les plus connues est le Dassai 23, connu pour son taux de polissage extrêmement fin de 23 %. Ce saké se caractérise par un arôme floral, une texture soyeuse et un goût clair et pur. Le « Dassai 23 » est considéré comme l'un des meilleurs sakés daiginjo du marché et est souvent considéré comme un produit de référence en matière de saké premium.

Un autre produit populaire est le Dassai d'où le riz est poli à 39 %. Cette variété offre une présence de saveur légèrement plus forte tout en restant subtile et élégante. Le Dassai 39 est un bon choix pour les amateurs de saké à la recherche d'un saké équilibré et complexe, à la fois délicat et riche en goût.

Une autre caractéristique remarquable du saké Dassai est l'accent mis sur la pureté et la légèreté du goût. La brasserie s'efforce de créer un saké qui possède non seulement la complexité et la profondeur d'un saké traditionnel, mais qui offre également une légèreté rafraîchissante et moderne. Ce style a rendu Dassai particulièrement populaire auprès des jeunes consommateurs et sur les marchés internationaux, où les sakés plus légers et accessibles sont souvent préférés.

Dassai se distingue de nombreuses brasseries de saké traditionnelles par sa philosophie d'entreprise unique, qui repose fortement sur la modernisation et l'amélioration continue. Le président de la brasserie, Hiroshi Sakurai, s'engage à produire le meilleur saké au monde et à le faire connaître sur la scène internationale. Il ne s'agit pas seulement de préserver la production de saké traditionnelle, mais aussi de la diriger vers l'avenir.

L'un des principes de Dassai est de s'éloigner de la culture traditionnelle Toji, où des maîtres brasseurs expérimentés assument la responsabilité principale du processus de brassage. Au lieu de cela, Dassai s'appuie sur une approche d'équipe, utilisant des technologies modernes et des méthodes scientifiques pour garantir une qualité élevée et constante. Cela permet un contrôle plus précis de l'ensemble du processus de brassage, de la fermentation à la mise en bouteille.

Cette philosophie d'innovation se manifeste également dans l'utilisation de machines pour le polissage du riz. Alors que de nombreuses brasseries effectuent encore le processus de polissage à la main ou s'appuient sur des machines traditionnelles, Dassai a introduit des technologies de polissage avancées pour rendre le niveau de polissage du riz encore plus fin et uniforme. Cela contribue de manière significative à la pureté et à la clarté du saké.

L'orientation internationale de la marque est un facteur clé du succès de Dassai. La brasserie a reconnu très tôt que le marché international du saké recelait un énorme potentiel et a commencé à exporter activement du saké vers des pays autres que le Japon. Dassai a gagné un large public, notamment aux États-Unis et en Europe, notamment dans les restaurants haut de gamme et parmi les amateurs de vin qui découvrent le saké comme une excellente alternative au vin.

Dassai a également été l'une des premières marques de saké à être intégrée à leurs menus par des chefs célèbres du monde entier. Les sakés Daiginjo comme celui de Dassai se marient très bien avec une variété de plats, des sushis et sashimis à la haute cuisine française. Les arômes subtils et la structure claire du saké en font un compagnon idéal pour les plats raffinés et ont contribué à ce que le saké soit de plus en plus perçu comme un aliment de luxe.

Un autre exemple de la présence internationale de Dassai est l'ouverture d'une usine de production à New York en 2019. Il s'agit d'une étape importante pour la brasserie afin de mieux servir le marché américain et d'augmenter la disponibilité de saké frais en dehors du Japon. Cette expansion démontre l'engagement de Dassai à rendre le saké accessible à l'échelle mondiale tout en maintenant l'artisanat traditionnel et les normes de qualité élevées.

Outre la modernisation et l'internationalisation, Dassai attache également une grande importance à la durabilité de la production. La brasserie s'efforce d'utiliser les ressources de manière responsable en utilisant des technologies économes en énergie et en optimisant la consommation d'eau pendant le processus de brassage. Cet accent mis sur la durabilité est particulièrement remarquable dans une industrie qui dépend traditionnellement fortement des ressources naturelles.

En termes d'innovation, Dassai a également innové en inventant de nouvelles façons de rendre la consommation de saké plus accessible et plus diversifiée. Un exemple en est l'introduction du saké dans de petites bouteilles ou sous forme de vin mousseux de saké, qui offre un plaisir pétillant et plus léger et séduit un groupe cible plus jeune. Ces produits créatifs visent à élargir l'attrait du saké et à le rendre accessible à différentes occasions et styles de consommation.

Dassai continue d'être un pionnier dans l'industrie du saké et se concentre sur l'innovation continue. Grâce à sa forte présence internationale et à son engagement en faveur de la qualité et de la durabilité, la brasserie continuera à jouer un rôle important sur la scène mondiale du saké. La combinaison de la technologie moderne, des valeurs traditionnelles et d'une vision claire de l'avenir a fait de Dassai l'une des marques de saké les plus réussies et les plus connues au monde.

La brasserie vise non seulement à dominer le marché du saké, mais également à contribuer à faire entrer l'ensemble de l'industrie du saké dans une nouvelle ère. En équilibrant innovation et savoir-faire, Dassai a créé un créneau unique qui séduit à la fois les puristes du saké et les nouveaux consommateurs internationaux. En ce sens, Dassai apparaît comme un symbole de la renaissance du saké et de l'avenir de la boisson japonaise sur la scène mondiale.

**Hakkaisan (Niigata)**

Cette brasserie est connue pour son saké dans la région de Niigata, célèbre pour ses hivers froids et son riz de haute qualité. Hakkaisan est synonyme de clarté et de pureté de goût, ce qui confère au saké de cette région un caractère unique.

La brasserie Hakkaisan, située dans la préfecture de Niigata, est l'une des brasseries de saké les plus connues et les plus renommées du Japon. Fondée en 1922, Hakkaisan s'est forgé une réputation en produisant du saké particulièrement pur et élégant. La préfecture de Niigata est célèbre pour ses hivers rigoureux, ses excellentes variétés de riz et son eau exceptionnellement pure, autant de conditions idéales pour produire du saké de haute qualité. Hakkaisan a réussi à combiner ces bienfaits naturels avec sa tradition brassicole et à s'imposer comme l'un des principaux producteurs dans le segment haut de gamme de l'industrie du saké.

Hakkaisan est surtout connu pour produire du saké de style « Tanrei Karakuchi », caractérisé par une saveur particulièrement claire, sèche et facilement accessible. Ce style est souvent décrit comme léger et rafraîchissant, avec un profil de saveur doux mais précis qui séduit aussi bien les débutants que les connaisseurs. « Tanrei » signifie « léger et propre », tandis que « Karakuchi » signifie « sec » – deux caractéristiques typiques du saké de Niigata et qui reflètent parfaitement la philosophie d'Hakkaisan.

La brasserie vise à produire un saké « agréable à boire », c'est-à-dire que ses sakés sont harmonieux, délicatement équilibrés et jamais trop dominants. Contrairement à certains sakés daiginjo fortement aromatiques qui présentent des notes fruitées et florales intenses, Hakkaisan adopte une approche plus subtile, mettant l'accent sur la pureté et la clarté de la saveur. Cette approche a permis à la brasserie de toucher un large public qui apprécie le saké à la fois comme accompagnement alimentaire et comme pur plaisir.

L'une des caractéristiques les plus marquantes du saké Hakkaisan est l'utilisation de l'eau de source du mont Hakkai, qui a donné son nom à la brasserie. Cette eau, filtrée grâce au processus naturel de fonte des neiges du mont Hakkai, est extrêmement douce et pure. Il contribue de manière significative à la légèreté et à l'élégance du saké en influençant positivement le processus de fermentation et en conférant au produit final une note claire et rafraîchissante. Cette eau est si essentielle au processus de brassage de Hakkaisan qu'elle est considérée comme la « bouée de sauvetage » de la brasserie.

Un autre aspect crucial est le riz utilisé. Hakkaisan s'appuie sur des variétés de riz de haute qualité telles que le Gohyakumangoku et le Yamada Nishiki, connues pour leur aptitude à la production de saké. Le riz est réduit à différents niveaux de polissage en fonction de la catégorie de saké souhaitée. Plus précisément, dans la production du saké daiginjo de qualité supérieure, le riz est poli jusqu'à 50 % de son volume d'origine pour éliminer les couches externes et utiliser uniquement le noyau le plus pur du grain de riz. Ce niveau précis de polissage est crucial pour la pureté et la clarté du saké caractéristiques du Hakkaisan.

Une des caractéristiques du Hakkaisan est également le long processus de fermentation à basse température. Cette méthode, qui demande beaucoup de temps et de soin, permet de préserver les saveurs délicates du saké tout en produisant une structure aromatique nette et équilibrée. La fermentation lente permet aux nuances gustatives complexes du riz et de la levure de se développer de manière optimale sans que le saké ne devienne trop aromatique ou lourd.

Hakkaisan propose une large gamme de variétés de saké, des sakés Junmai et Honjozo de tous les jours aux variantes exclusives Daiginjo. Cette diversité permet à la brasserie de séduire différents groupes de consommateurs, depuis ceux qui recherchent un saké simple et rafraîchissant jusqu'aux connaisseurs qui préfèrent un saké aux saveurs fines et subtiles et à la structure élégante.

Un produit particulièrement populaire de Hakkaisan est le Hakkaisan Junmai Ginjo, connu pour sa texture onctueuse et douce et son goût rafraîchissant et pur. Ce saké est parfaitement équilibré et est idéal en accompagnement des plats, car il ne masque pas les saveurs du plat, mais le complète harmonieusement. Le Junmai Ginjo est un excellent exemple du style « Tanrei Karakuchi » et est très apprécié au Japon et dans le monde.

Un autre point fort est le Hakkaisan Tokubetsu Honjozo, un saké « spécial Honjozo » caractérisé par une note sèche et claire et facile à boire. Ce saké est idéal pour ceux qui préfèrent un saké simple et accessible qui se marie facilement avec divers aliments, notamment les fruits de mer et les plats légers. Malgré sa simplicité, le Tokubetsu Honjozo présente une sophistication et une élégance remarquables qui en font un produit populaire dans la gamme de produits Hakkaisan.

Pour les connaisseurs et amateurs de sakés premium, Hakkaisan propose le Hakkaisan Daiginjo, un saké premium dans lequel le riz est poli à au moins 50 %. Ce saké impressionne par sa texture fine, ses arômes fruités subtils et sa structure exceptionnellement claire. Idéal pour les occasions spéciales ou comme cadeau, il met en valeur la maîtrise de Hakkaisan dans la production de saké de haute qualité.

La préfecture de Niigata, où se trouve la brasserie Hakkaisan, est connue pour sa riche tradition du saké et ses conditions idéales pour le processus de brassage du saké. La région est célèbre pour ses hivers froids, qui ralentissent le processus de fermentation du saké, contribuant ainsi à développer une saveur plus propre et plus raffinée. Niigata est également célèbre pour son riz de haute qualité, cultivé dans les plaines fertiles de la région. La combinaison de riz de qualité supérieure et d'eau pure fait de Niigata l'un des centres de production de saké les plus importants du Japon.

La proximité géographique avec le Mont Hakkai joue un rôle central pour la brasserie Hakkaisan. L'eau de cette montagne, filtrée à travers des couches de roche volcanique, est non seulement particulièrement pure, mais aussi légèrement minéralisée, ce qui a un effet positif sur le processus de brassage. Il confère au saké d'Hakkaisan sa fraîcheur et sa pureté typiques et contribue à préserver les arômes délicats si caractéristiques des produits de la brasserie.

Si Hakkaisan est profondément ancrée dans la tradition du brassage du saké, la brasserie fait également preuve d'une remarquable ouverture à l'innovation. Hakkaisan utilise des technologies modernes pour améliorer la qualité et la cohérence de son saké sans négliger les processus de production traditionnels. Cet équilibre entre tradition et modernité est un élément important de la philosophie de la brasserie.

Un exemple de cette force d'innovation est l'introduction de techniques de refroidissement modernes pour contrôler les températures de fermentation, ce qui permet de conserver le saké particulièrement clair et pur. L'utilisation de systèmes assistés par ordinateur pour surveiller le processus de polissage et de fermentation aide également Hakkaisan à atteindre une qualité élevée et constante.

De plus, la brasserie s'engage à rechercher et développer de nouvelles variétés de saké et méthodes de brassage pour répondre aux besoins changeants des consommateurs. Par exemple, Hakkaisan a commencé à développer le Sparkling Sake, particulièrement apprécié des jeunes consommateurs et sur le marché international en raison de sa fraîcheur pétillante. Cette approche innovante montre que Hakkaisan est prêt à développer l'industrie du saké tout en préservant le riche héritage du brassage traditionnel.

En plus de produire du saké de haute qualité, Hakkaisan joue également un rôle important dans la promotion de la culture du saké au Japon et dans le monde. La brasserie exploite son propre musée qui documente l'histoire et la tradition du brassage du saké à Niigata et en particulier dans la région de Hakkaisan. Ici, les visiteurs peuvent découvrir l'ensemble du processus de production et en apprendre davantage sur l'art du brassage du saké.

Hakkaisan a également une forte présence internationale et exporte ses produits dans de nombreux pays, notamment aux États-Unis, en Europe et en Asie. La brasserie s'est fixé pour objectif de faire du saké un spiritueux de haute qualité et polyvalent dans le monde entier et est activement impliquée dans la communauté internationale du saké.

Ces brasseries de saké bien connues au Japon sont synonymes de qualité exceptionnelle, de tradition et d'innovation dans la production de saké. Ils ont réussi à transformer leurs processus de fabrication uniques et leurs caractéristiques régionales en produits reconnus internationalement.

La combinaison d'ingrédients de haute qualité tels que du riz de première qualité et de l'eau de source pure ainsi que des techniques de brassage modernes les distingue des autres producteurs. Grâce à leur engagement envers des normes élevées et une stratégie de marché mondiale, ces brasseries sont désormais représentées dans les assortiments des restaurants gastronomiques et des magasins spécialisés du monde entier. Leur saké haut de gamme, en particulier, jouit d'une popularité internationale croissante et montre que le saké n'est pas seulement une boisson japonaise traditionnelle, mais un aliment de luxe mondialement reconnu.

# Le saké dans le monde : exportation et influence sur d'autres cultures

L'histoire des exportations de saké et son influence culturelle sur le paysage international des boissons est un voyage à travers des siècles de développement, d'échange et d'enrichissement mutuel entre différentes cultures. Ce qui était autrefois une boisson locale dans les régions rurales du Japon est devenu un bien culturel de valeur mondiale qui a depuis longtemps transcendé les frontières de son pays d'origine et est désormais présent dans presque toutes les régions du monde.

Les premières exportations documentées de saké hors du Japon remontent au VIIe siècle, lorsque les missions diplomatiques apportèrent la boisson en cadeau à la cour impériale chinoise. Toutefois, ces premiers contacts internationaux furent sporadiques et n'eurent initialement aucun impact durable sur le marché mondial des boissons. Ce n'est qu'avec l'ouverture du Japon, lors de la restauration Meiji au 19e siècle, que le saké a commencé à se développer systématiquement sur les marchés internationaux.

La première vague significative d'exportations a commencé avec l'émigration japonaise vers les États-Unis, notamment vers Hawaï et la côte ouest. Les immigrants japonais ont non seulement apporté avec eux leur culture et leurs traditions, mais aussi leur amour de la boisson traditionnelle au vin de riz. Cela a conduit à l'émergence des premières brasseries de saké en dehors du Japon, qui servaient initialement principalement la communauté japonaise locale. Les premières installations de production de saké américaines ont été établies en Californie dans les années 1880, jetant ainsi les bases d'une culture du saké florissante aux États-Unis.

Le développement du marché mondial du saké a été influencé par divers événements historiques et changements sociaux. La Seconde Guerre mondiale a d'abord provoqué un revers important pour l'industrie internationale du saké, car de nombreuses brasseries japonaises à l'étranger ont fermé leurs portes et les exportations se sont arrêtées. Cependant, la période d'après-guerre a apporté une renaissance des exportations de saké alors que le Japon reconstruisait son économie et rétablissait ses relations commerciales internationales.

Les années 1960 et 1970 marquent un tournant dans la perception mondiale du saké. Avec l'intérêt international croissant pour la culture japonaise, en particulier sa cuisine, le saké est passé d'un produit de niche exotique à une boisson de qualité reconnue. Les principales brasseries de saké ont commencé à moderniser leurs processus de production et à adapter leurs stratégies de commercialisation aux normes internationales, sans pour autant négliger les méthodes de production traditionnelles.

Un aspect particulièrement intéressant de l'expansion mondiale du saké est son influence sur la culture des cocktails de différents pays. Les barmans innovants des grandes villes du monde ont découvert le saké comme ingrédient polyvalent pour des cocktails créatifs. Les nuances aromatiques uniques et la structure aromatique complexe du saké ont ouvert de nouvelles possibilités dans la création de cocktails. Les cocktails classiques ont été réinterprétés avec le saké, créant des créations entièrement nouvelles qui estompaient les frontières entre les cultures des boissons orientales et occidentales.

La mondialisation du saké a également conduit à une interaction intéressante avec les régions viticoles européennes traditionnelles. Certains vignobles renommés en France et en Italie se sont intéressés à la production de saké et ont intégré des éléments individuels de l'art brassicole japonais dans leurs propres processus de production. Cette fusion culturelle a abouti à des produits hybrides innovants qui combinent le meilleur des deux mondes.

Les progrès technologiques et les améliorations en matière de transport ont également contribué de manière significative à la diffusion internationale du saké. Les chaînes du froid modernes permettent désormais de transporter en toute sécurité les sakés haut de gamme les plus sensibles sur de longues distances. Cela a permis de rendre le saké japonais de haute qualité disponible même dans les régions reculées du monde et a contribué au développement d'un connaisseur mondial du saké.

La reconnaissance internationale croissante du saké se reflète également dans le nombre croissant de sommeliers et de revendeurs spécialisés en saké en dehors du Japon. Des bars et des magasins de saké ont été créés dans de nombreuses grandes villes du monde, non seulement pour vendre la boisson, mais également pour fournir des connaissances sur son histoire, sa production et son importance culturelle. Cette évolution a conduit à une professionnalisation du commerce international du saké et à l'établissement de nouvelles normes de qualité et d'authenticité.

L'influence du saké sur la gastronomie mondiale est particulièrement remarquable. Des restaurants renommés en dehors du Japon ont fermement intégré le saké dans leurs menus de boissons, proposant souvent des sélections de saké soigneusement sélectionnées et spécifiquement adaptées à leur cuisine. Cela a conduit à une nouvelle forme d'accord de boissons qui ne se limite plus aux vins traditionnels, mais utilise les propriétés uniques du saké pour enrichir l'expérience culinaire.

Le développement de l'industrie du saké orienté vers l'exportation a également conduit à des innovations dans la conception des produits. Des designs d'emballage modernes et des stratégies de marketing contemporaines ont été développés pour attirer les consommateurs internationaux sans nier les racines traditionnelles de la boisson. De nombreuses brasseries ont commencé à utiliser des étiquettes multilingues et à adapter leurs informations sur les produits aux habitudes de consommation occidentales, ce qui a considérablement accru l'accessibilité du saké à un public international.

Un autre aspect important de l'expansion mondiale du saké est le transfert de connaissances entre différentes cultures. Les brasseurs de saké japonais, également connus sous le nom de Toji, voyagent désormais régulièrement à l'étranger pour partager leurs connaissances et dispenser des formations. Dans le même temps, des amateurs internationaux de saké se sont rendus au Japon pour apprendre l'art traditionnel du brassage. Cet échange culturel a enrichi les deux parties et permis le développement de nouvelles interprétations de la production traditionnelle de saké.

Ces dernières années, la communauté internationale du saké s'est développée en un réseau dynamique, étroitement connecté via les réseaux sociaux et les plateformes numériques. Des festivals et salons du saké ont désormais lieu régulièrement dans de nombreux pays et offrent une plateforme d'échange entre producteurs, détaillants et consommateurs. Ces événements contribuent de manière significative à la diffusion de la culture du saké et favorisent la compréhension de la complexité et de la diversité de cette boisson tradetionnelle.

L'importance croissante du saké sur le marché international a également conduit à une diversification de la gamme de produits. En plus des variantes de saké traditionnelles, des interprétations modernes sont désormais développées, spécifiquement destinées aux préférences gustatives internationales. Cette évolution est perçue d'un œil critique par certains traditionalistes, mais elle a contribué à ouvrir de nouveaux groupes cibles au saké et à rendre la boisson accessible à un public plus large.

Une tendance intéressante est la production croissante de saké en dehors du Japon. Des brasseries de saké se sont établies dans différents pays, utilisant des matières premières locales et créant leurs propres interprétations de la boisson traditionnelle. Ces « sakés internationaux » ont donné lieu à un débat passionnant sur l'authenticité et l'innovation dans la production du saké et montrent comment la culture tradetionnelle des boissons peut évoluer dans un contexte mondial.

La durabilité environnementale joue un rôle de plus en plus important dans la production moderne de saké. Les normes environnementales internationales et la prise de conscience croissante des méthodes de production durables ont conduit de nombreuses brasseries de saké à rendre leurs processus plus respectueux de l'environnement. Cela s'applique à la culture du riz ainsi qu'à l'utilisation de l'eau et à l'efficacité énergétique dans la production. Cette évolution a également renforcé l'image du saké en tant que boisson contemporaine et durable.

La diffusion internationale du saké a également conduit à une évolution de la culture de la consommation d'alcool. Alors qu'au Japon, le saké est traditionnellement bu dans des récipients spéciaux en céramique, de nouvelles façons de le servir se sont développées dans le contexte international. Les verres à vin de haute qualité sont désormais souvent utilisés pour les sakés haut de gamme, car ils mettent mieux en valeur les saveurs complexes. Cette adaptation aux habitudes de consommation occidentales a contribué à une plus grande acceptation du saké dans la gastronomie internationale.

Un facteur important du succès international du saké est le caractère de plus en plus scientifique de la production et du contrôle de la qualité. Les méthodes d'analyse modernes et les critères d'évaluation standardisés ont contribué à rendre la qualité du saké objectivement mesurable. Cela a accru la confiance des détaillants et des consommateurs internationaux dans le produit et a favorisé l'établissement du saké comme boisson haut de gamme.

Le rôle du saké dans la diplomatie internationale ne doit pas être sous-estimé. En tant que fleuron culturel du Japon, le saké est souvent présenté comme cadeau lors d'occasions diplomatiques et servi lors de réceptions officielles. Cette « diplomatie du saké » a contribué à renforcer les relations internationales et à promouvoir la compréhension de la culture japonaise.

Un aspect fascinant de l'expansion mondiale du saké est son influence sur l'architecture et le design des établissements hôteliers. Les bars et restaurants de saké internationaux intègrent souvent des éléments de l'architecture japonaise traditionnelle dans leur conception, créant ainsi des espaces authentiques pour déguster du saké. Cette fusion architectturale reflète la fusion culturelle créée par la diffusion internationale du saké.

La numérisation a ouvert de nouvelles opportunités pour le commerce international du saké. Les plateformes en ligne permettent aux consommateurs du monde entier de commander directement auprès des brasseries japonaises et de se renseigner sur les différents types de saké. Les dégustations virtuelles et les formations numériques ont gagné du terrain pendant la pandémie de COVID-19 et restent un outil important pour l'éducation internationale sur le saké.

Le prix du saké sur les marchés internationaux est une question complexe influencée par divers facteurs. Les frais de transport et de stockage, les droits de douane et les taxes locales peuvent faire augmenter considérablement le prix. Néanmoins, le saké s'est imposé dans différents segments de prix, depuis les produits d'entrée de gamme bon marché jusqu'aux sakés haut de gamme à prix élevé, capables de rivaliser avec les vins les plus chers.

L'expansion internationale du saké a également conduit à une évolution des normes de qualité. En plus des systèmes de notation japonais traditionnels, des classifications internationales se sont développées pour prendre en compte les différents besoins des consommateurs. Cette standardisation a contribué à une meilleure comparabilité des différentes variantes de saké et a facilité le commerce international.

Une tendance intéressante est l'utilisation croissante du saké dans l'industrie cosmétique internationale. Les propriétés hydratantes et revitalisantes des ingrédients du saké ont conduit au développement de divers produits cosmétiques. Cette diversification montre à quel point les influences du saké peuvent être diverses sur d'autres industries et cultures.

Le rôle du saké dans la culture populaire moderne est un autre aspect intéressant de sa diffusion mondiale. Dans les films, les séries télévisées et la littérature, le saké est souvent présenté comme un symbole de la culture et du mode de vie japonais. Cette exposition médiatique a suscité un intérêt pour le saké dans le monde entier et a contribué à sa popularisation.

La communauté internationale du saké a également conduit au développement de nouveaux métiers liés au saké. Aux sommeliers du saké s'ajoutent désormais des consultants, des revendeurs et des journalistes spécialisés dans divers aspects de la boisson. Cette professionnalisation a contribué à la diffusion de l'expertise et de l'assurance qualité dans le commerce international du saké.

Un aspect important de l'expansion mondiale du saké consiste à s'adapter aux préférences gustatives et aux habitudes de consommation locales. Alors que les variétés de saké traditionnelles sont préférées sur certains marchés, de nouvelles saveurs et de nouveaux styles de service se sont développés dans d'autres régions. Cette flexibilité a contribué de manière significative au succès international du saké.

Le rôle du saké dans la recherche internationale sur les boissons est remarquable. Des scientifiques de divers pays étudient les propriétés uniques du saké et ses bienfaits potentiels pour la santé. Ces recherches ont permis de mieux comprendre les processus biochimiques impliqués dans la production du saké et ont ouvert de nouvelles perspectives pour le développement de boissons fonctionnelles.

Une tendance intéressante est l'utilisation croissante du saké dans la cuisine internationale. Les chefs du monde entier qui expérimentent le saké comme ingrédient culinaire ont changé à jamais le paysage culinaire mondial. Dans la haute cuisine française, des chefs renommés utilisent désormais la boisson au riz pour affiner les sauces et comme agent déglaçant, les notes complexes d'umami du saké complétant de manière surprenante les saveurs de la cuisine française classique. Dans la cuisine nordique, le saké s'est imposé comme compagnon des plats fermentés, car les processus enzymetiques impliqués dans la production du saké créent des connexions harmonieuses avec les techniques de fermentation locales.

L'intégration du saké dans les cultures festives occidentales est particulièrement évidente dans les célébrations de mariage modernes, où le rituel traditionnel du saké « San-San-Kudo » est adapté et fusionné avec les coutumes de mariage occidentales. Cette fusion culturelle reflète l'intérêt croissant pour les cérémonies authentiques et significatives et a contribué à l'émergence de nouvelles traditions interculturelles.

L'influence de l'expertise japonaise en matière de saké sur la production internationale de boissons se manifeste par l'émergence de procédés de fermentation hybrides. Les producteurs de cidre européens expérimentent les champignons koji, tandis que les brasseurs de bière artisanale américains utilisent des levures de saké pour créer des styles de bière innovants. Cette pollinisation croisée technologique a donné naissance à des catégories de boissons entièrement nouvelles qui repoussent les limites des classifications tradetionnelles.

Le paysage de la formation dans le secteur international des boissons a été fondamentalement élargi grâce à l'intégration des connaissances sur le saké. Les écoles de vin ont adapté leurs programmes pour s'adapter à l'importance croissante du saké. La connaissance du saké n'est pas enseignée de manière isolée, mais plutôt dans le cadre d'une approche holistique qui montre les liens entre les différentes traditions de fermentation et favorise la compréhension interculturelle.

L'influence du saké sur la culture internationale du design peut être constatée dans le développement de récipients à boire modernes. Les verriers scandinaves ont développé des verres à saké spéciaux qui allient l'esthétique japonaise au fonctionnalisme nordique. Ces innovations en matière de conception ont non seulement changé la façon dont le saké est servi, mais ont également établi de nouvelles normes en matière de conception de récipients à boire.

L'utilisation thérapeutique du saké dans l'industrie internationale du bien-être a conduit à l'émergence de nouveaux concepts de traitement. Les établissements de spa de Bangkok à Baden-Baden intègrent des soins à base de saké dans leurs programmes, avec des ingrédients dérivés de la fermentation du saké appréciés pour leurs propriétés revitalisantes et relaxantes pour la peau. Ce développement a conduit à l'émergence d'une industrie distincte des cosmétiques à base de saké, combinant les connaissances traditionnelles avec la recherche cosmétique moderne.

La recherche internationale sur le saké a conduit à des découvertes surprenantes en microbiologie. L'étude des micro-organismes impliqués dans la production du saké a ouvert de nouvelles perspectives pour le développement d'aliments probiotiques. Des scientifiques de Californie et de Copenhague travaillent à adapter les processus de fermentation du saké pour produire de nouvelles boissons fonctionnelles.

L'influence du saké sur la photographie internationale de boissons a établi de nouvelles normes esthétiques. La transparence et la coloration subtile du saké haut de gamme imposent des exigences particulières aux photographes culinaires et ont conduit au développement de techniques d'éclairage et de prise de vue spéciales. Ces innovations photographiques sont désormais également utilisées pour représenter d'autres boissons transparentes.

L'intégration du saké dans les événements sportifs internationaux a donné lieu à des synthèses culturelles intéressantes. Aux Jeux olympiques de Tokyo, le saké a été utilisé pour la première fois comme boisson de cérémonie officielle, consolidant ainsi sa position en tant que bien culturel mondial. Cette présence a contribué à ce que le saké soit aujourd'hui proposé comme alternative aux boissons alcoolisées traditionnelles lors des événements sportifs internationaux.

L'émergence d'entrepôts spécialisés dans le saké dans les villes portuaires européennes a révolutionné la logistique du commerce international du saké. Des installations de stockage à température contrôlée spécifiquement adaptées aux besoins du saké haut de gamme ont été développées à Hambourg et à Rotterdam. Cette innovation logistique a porté l'assurance qualité dans le commerce international du saké à un nouveau niveau.

Le développement de systèmes numériques d'évaluation du saké a favorisé la normalisation internationale de la qualité du saké. L'intelligence artificielle est utilisée pour capter les nuances gustatives et établir des critères objectifs de qualité. Cette innovation technologique a contribué à la professionnalisation du commerce mondial du saké et a établi de nouvelles normes en matière d'évaluation des boissons.

L'influence du saké sur la scène musicale internationale se reflète dans l'émergence de bars à saké spéciaux proposant des concepts musicaux innovants. Des salles combinant la culture japonaise du saké et la musique électronique ont été créées à Londres et à Berlin. Cette fusion culturelle a conduit à l'émergence d'une culture distincte des clubs de saké qui introduit les rituels de consommation traditionnels dans un contexte moderne.

L'intégration du saké dans les expositions d'art internationales a ouvert de nouvelles perspectives sur le lien entre la culture des boissons et les beaux-arts. Les artistes d'installation travaillent avec la transparence et les reflets lumineux du saké, tandis que les artistes de performance traduisent les rituels traditionnels du saké en formes d'art contemporain. Cette exploration artistique a élargi la compréhension du saké en tant que support culturel.

Le développement d'alternatives à base de saké aux spiritueux traditionnels a enrichi la scène internationale des cocktails. Les barmans de New York et de Sydney expérimentent le saké comme base pour de nouvelles créations de cocktails, les saveurs complexes du vin de riz permettant des combinaisons de saveurs inattendues. Cette innovation a conduit à la création d'une catégorie distincte de cocktails au saké qui réinterprètent les cocktails classiques.

L'influence du saké sur l'archéologie internationale a conduit à de nouvelles perspectives sur les relations commerciales historiques. L'analyse d'anciens récipients en céramique à la recherche de résidus de saké a révélé des liens surprenants entre différentes cultures asiatiques. Ces découvertes scientifiques ont élargi la compréhension des premiers réseaux commerciaux et réévalué l'importance historique du saké en tant que marchandise.

L'intégration du saké dans les programmes d'éducation internationale a conduit au développement de méthodes pédagogiques innovantes. Les universités d'Europe et d'Amérique proposent des cours interdisciplinaires qui utilisent le saké comme exemple d'échange culturel et d'innovation technologique. Ce débat académique a élargi la compréhension du saké en tant que sujet de recherche et ouvert de nouvelles perspectives sur les processus de mondialisation culturelle.

L'émergence de concours internationaux de saké a conduit au développement de nouvelles catégories de jugement. Outre les critères de qualité traditionnels, le potentiel d'innovation et l'adaptabilité culturelle sont également évalués aujourd'hui. Cet élargissement de la perspective d'évaluation reflète le développement dynamique de la culture mondiale du saké et favorise l'innovation continue dans la production du saké.

L'influence du saké sur la critique gastronomique internationale a conduit à une réévaluation des systèmes de notation traditionnels. Les critiques de restaurants ont élargi leurs critères pour refléter l'importance croissante des accords mets-saké. Ce développement a élargi la compréhension de la qualité gastronomique et établi de nouvelles normes en matière d'évaluation des restaurants.

L'intégration du saké dans les initiatives internationales de développement durable a conduit au développement de concepts de recyclage innovants. Le recyclage des résidus de production de saké pour la production de biocarburants et d'engrais illustre le potentiel des processus de fermentation traditionnels pour les concepts modernes d'économie circulaire.

L'émergence d'assurances spécialisées dans le saké a professionnalisé le commerce international du saké haut de gamme. Les compagnies d'assurance ont développé des polices spéciales qui couvrent les risques particuliers liés au transport du saké. Cette innovation financière a contribué à stabiliser le marché mondial du saké et à établir de nouvelles normes dans le commerce des boissons.

L'influence du saké sur l'industrie internationale de l'emballage se reflète dans le développement de solutions de transport innovantes. Des conteneurs réfrigérés spéciaux et des matériaux d'emballage absorbant les chocs ont été développés pour garantir le transport en toute sécurité du saké de première qualité. Ces innovations logistiques ont établi des normes qui sont désormais également utilisées dans le transport d'autres boissons de haute qualité.

L'intégration du saké dans les stratégies marketing internationales a conduit au développement de nouveaux concepts de communication. Communiquer sur des contextes culturels complexes nécessite des approches innovantes combinant les connaissances traditionnelles et les méthodes de marketing modernes. Cette innovation communicative a favorisé la compréhension du saké en tant que bien culturel mondial et a établi de nouvelles normes en matière de marketing des boissons.

L'influence du saké sur l'industrie du tourisme international se manifeste par l'émergence de voyages spécialisés dans le saké. Les voyagistes ont développé des programmes combinant les brasseries de saké traditionnelles et les bars à saké modernes, rendant ainsi tangible le développement de la culture mondiale du saké. Cette innovation touristique a contribué à l'internationalisation de la culture du saké et a établi de nouvelles formes de tourisme culturel.

Le développement de systèmes internationaux de certification du saké a conduit à la professionnalisation de l'enseignement du saké. Des procédures de test standardisées et des niveaux de qualification uniformes facilitent la reconnaissance internationale de l'expertise en matière de saké. Cette innovation pédagogique a contribué à faire du saké un domaine professionnel distinct et a créé de nouvelles opportunités de carrière dans le secteur international des boissons.

L'influence du saké sur l'industrie événementielle internationale se reflète dans le développement de formats événementiels innovants. Les festivals du saké combinent des dégustations traditionnelles avec des éléments de divertissement modernes, créant ainsi de nouvelles approches de la culture du saké. Cette innovation conceptuelle a élargi la compréhension des événements liés au saké et établi de nouvelles normes en matière de présentation des boissons.

L'intégration du saké dans les traditions artisanales internationales a conduit à l'émergence de nouvelles formes artisanales. Les artistes verriers et céramistes du monde entier ont adapté les techniques traditionnelles japonaises et les ont combinées avec les traditions artisanales locales. Cette fusion créative a donné naissance à des récipients à boire uniques, à la fois fonctionnels et artistiquement précieux.

Le saké a servi de source d'inspiration dans le domaine du design d'intérieur moderne. La clarté transparente de la boisson et sa signification culturelle influencent les architectes d'intérieur lors de la conception d'espaces d'accueil contemporains. L'intégration consciente d'éléments inspirés du saké crée des espaces qui allient harmonieusement tradetion et modernité.

Si l'on regarde vers l'avenir, d'autres développements passionnants se profilent à l'horizon. La mondialisation croissante de la culture du saké devrait conduire à des processus d'échanges culturels encore plus intensifs. Les nouvelles technologies de production, les canaux de distribution innovants et l'intérêt international croissant pour les expériences culturelles authentiques renforceront encore la position du saké en tant que bien culturel mondial.

L'histoire des exportations de saké et son influence culturelle illustrent comment une boisson traditionnelle peut non seulement être préservée, mais également développée et enrichie grâce à sa distribution internationale. Ce développement dynamique reflète la capacité de la société mondiale à respecter les traditions culturelles tout en se développant de manière créative.

# Saké : tendances et innovations

La transformation du saké traditionnel japonais au vin de riz dans le monde moderne représente un exemple fascinant de la symbiose réussie entre un savoir-faire séculaire et l'innovation contemporaine, à une époque où les habitudes de consommation, les méthodes de production et les marchés mondiaux évoluent à un rythme rapide. connaît une renaissance remarquable, qui s'étend bien au-delà des frontières du Japon.

L'histoire du saké remonte à plus de 2 000 ans, mais ce n'est qu'au cours des dernières décennies que la boisson est devenue un phénomène mondial qui a eu un impact durable sur le monde international des boissons. Ce développement est le résultat de divers facteurs en interaction : les progrès technologiques dans la production, l'évolution des préférences des consommateurs, des stratégies de marketing ciblées et une appréciation croissante des produits authentiques et artisanaux.

Un changement remarquable est en train de se produire dans les brasseries de saké traditionnelles, appelées kura. Alors que le processus de fabrication de base de la fermentation parallèle multiple du riz est resté en grande partie inchangé, des technologies modernes ont émergé qui permettent un contrôle plus précis des processus de fermentation. Le contrôle de la température contrôlé par ordinateur, les systèmes de surveillance automatisés et les méthodes d'analyse avancées garantissent désormais une qualité élevée et constante sans compromettre le savoir-faire de la production du saké.

Toutefois, l'intégration des technologies modernes ne se limite pas au processus de production. Des approches innovantes en matière de transformation du riz ont conduit au développement de nouvelles variétés de riz spécifiquement optimisées pour la production de saké. Ces cultivars modernes se caractérisent par des propriétés particulières telles qu'une teneur accrue en amidon, une meilleure aptitude au polissage ou des précurseurs d'arômes spécifiques. Dans le même temps, la culture d'anciennes variétés de riz traditionnelles redevient de plus en plus importante, car elles permettent d'obtenir des profils aromatiques uniques et répondent ainsi à l'intérêt croissant pour les produits authentiques liés au terroir.

Une autre tendance significative est la volonté croissante des brasseurs de saké d'expérimenter. Alors que le saké traditionnel est fabriqué exclusivement à partir de riz, d'eau, de koji et de levure, des brasseries innovantes expérimentent désormais de nouveaux ingrédients et techniques. Par exemple, des variantes de saké sont créées, aromatisées avec des fruits ou des herbes, ou encore celles qui mûrissent dans différents fûts en bois. Bien que ces innovations soient parfois critiquées par les puristes, elles jouent un rôle important dans l'enthousiasme de nouveaux groupes cibles pour la boisson.

La mondialisation du marché du saké a également conduit à une diversification de la gamme de produits. En plus des catégories classiques telles que Junmai, Ginjo et Daiginjo, de nouveaux styles de saké émergent, spécifiquement destinés aux préférences gustatives internationales. Le saké pétillant, par exemple, gagne en popularité, notamment sur les marchés occidentaux, car il est perçu comme une alternative au vin mousseux. Le saké vieilli, qui se conserve plusieurs années, séduit les consommateurs familiers du vieillissement des vins.

La commercialisation du saké a également fondamentalement changé. Les stratégies de marketing modernes s'appuient de plus en plus sur les canaux numériques et les médias sociaux pour atteindre des groupes cibles plus jeunes. Le marketing d'influence et les dégustations en ligne ont pris beaucoup plus d'importance pendant la pandémie de Covid-19 et font désormais partie intégrante de la stratégie de communication de nombreuses brasseries de saké. Dans le même temps, le design du packaging se modernise sans pour autant négliger l'identité culturelle du produit.

Un aspect particulièrement intéressant de la culture moderne du saké est l'importance croissante des sommeliers de saké. Ces experts, connus au Japon sous le nom de « Kikisake-shi », jouent un rôle central dans la transmission des connaissances sur le saké et sur sa dégustation experte. Des programmes de certification internationalement reconnus ont contribué à la professionnalisation de cette profession et favorisent une présentation qualifiée du saké dans la gastronomie haut de gamme.

L'intégration gastronomique du saké a également évolué. Alors que la boisson était traditionnellement servie principalement avec des plats japonais, les restaurateurs modernes expérimentent de plus en plus d'accords culinaires innovants. Aujourd'hui, le saké s'associe avec succès à la cuisine européenne, américaine ou fusionniste. Cette polyvalence culinaire contribue de manière significative à l'acceptation internationale de la boisson.

L'innovation technologique dans le domaine de l'assurance qualité et de la traçabilité mérite une attention particulière. Les brasseries de saké modernes s'appuient de plus en plus sur la technologie blockchain pour documenter de manière transparente l'origine de leurs produits.

Cette évolution répond au désir croissant des consommateurs d'authenticité et de traçabilité tout en contribuant à lutter contre les produits contrefaits.

La durabilité joue un rôle de plus en plus important dans la production de saké moderne. Les brasseries innovantes investissent dans des installations de production économes en énergie, des systèmes de traitement de l'eau et des solutions d'emballage durables. L'utilisation de riz cultivé biologiquement et la mise en œuvre de concepts zéro déchet sont d'autres tendances destinées à garantir la viabilité future de l'industrie.

Un aspect fascinant de la culture moderne du saké est la renaissance des méthodes de production traditionnelles dans un contexte contemporain. Certaines brasseries reviennent consciemment aux techniques de fermentation historiques, mais en utilisant des méthodes d'analyse modernes pour mieux comprendre et optimiser les processus. Cette combinaison de tradition et d'innovation donne naissance à des produits uniques qui garantissent à la fois l'authenticité et les normes de qualité les plus élevées.

La recherche scientifique dans le domaine de la production du saké a fait des progrès significatifs ces dernières années. Les méthodes d'analyse modernes permettent une compréhension plus approfondie des processus biochimiques au cours de la fermentation. L'identification et la caractérisation de composants aromatiques spécifiques ont conduit au développement de nouvelles souches de levure capables de produire spécifiquement des profils aromatiques spécifiques.

L'expansion internationale du marché du saké a également conduit à une diversification des lieux de production. Bien que le Japon reste le pays producteur le plus important, des brasseries de saké prospères émergent de plus en plus en dehors du Japon. Ces « producteurs de saké du nouveau monde » implantés dans des pays comme les États-Unis, le Canada et divers pays européens apportent de nouvelles perspectives et innovations à la culture traditionnelle du saké.

Un aspect important du développement du saké moderne est l'importance croissante des produits de niche et des éditions limitées. Les brasseries innovantes créent des éditions spéciales caractérisées par des méthodes de production spéciales ou des variétés de riz rares. Ces produits exclusifs séduisent particulièrement les collectionneurs et les connaisseurs et contribuent à la premiumisation du marché du saké.

La transformation numérique a également fondamentalement modifié la distribution du saké. Les plateformes de commerce électronique permettent désormais également aux petites brasseries de commercialiser leurs produits à l'international. Les détaillants en ligne spécialisés proposent des informations détaillées sur les produits, des notes de dégustation et des systèmes de recommandation pour aider les consommateurs à faire leur choix. Les technologies de réalité virtuelle et de réalité augmentée sont de plus en plus utilisées pour proposer des visites virtuelles de brasseries ou pour ajouter des éléments interactifs aux emballages de produits.

Dans le domaine du développement de produits, il existe une tendance intéressante à fusionner différentes catégories de boissons. Les producteurs innovants expérimentent la combinaison de processus de brassage du saké et de techniques provenant d'autres domaines de boissons. Par exemple, des produits hybrides sont créés qui intègrent des éléments issus de la production de vin, de bière ou de spiritueux. Ces innovations intercatégorielles élargissent le spectre du saké traditionnel et créent de nouvelles expériences gustatives.

La culture moderne du saké est également fortement influencée par les changements démographiques. Alors que la consommation traditionnelle de saké est en baisse au Japon, une nouvelle génération d'amateurs de saké émerge à l'échelle internationale. Ces consommateurs, pour la plupart plus jeunes, apprécient le saké non seulement comme une boisson japonaise traditionnelle, mais aussi comme un produit de style de vie contemporain. Vous êtes ouvert à l'innovation et aimez expérimenter différentes températures de service, boissons mixées et opportunités de consommation non conventionnelles.

Une autre tendance importante est l'importance croissante du saké sur la scène de la mixologie. Les barmen innovants découvrent le saké comme base polyvalente pour des cocktails créatifs. Les différents styles de saké offrent une large gamme de profils aromatiques idéaux pour les créations de cocktails modernes. Cette évolution contribue à rendre le saké accessible à un public plus large et ouvre de nouveaux contextes de consommation.

La professionnalisation de l'enseignement du saké a conduit à l'émergence d'établissements d'enseignement spécialisés. En plus des écoles japonaises traditionnelles, les institutions internationales proposent désormais également une formation approfondie sur le saké. Ces programmes fournissent des connaissances non seulement sur la production et la dégustation, mais également sur les stratégies de marketing modernes, les accords mets et les tendances du marché international. La standardisation de la formation contribue à l'assurance qualité et à la professionnalisation de l'industrie.

Le Big Data et l'intelligence artificielle jouent un rôle de plus en plus important dans le domaine de l'optimisation de la production. Les brasseries de saké modernes utilisent l'apprentissage automatique pour optimiser les processus de fermentation et détecter les fluctuations de qualité à un stade précoce. Les réseaux de capteurs surveillent en permanence divers paramètres tels que la température, l'humidité et l'activité microbiologique. Ces données permettent un contrôle précis des processus et contribuent à l'assurance qualité.

La mise en réseau internationale de l'industrie du saké a conduit à l'émergence d'événements et de concours spécialisés à l'échelle mondiale. Ces événements offrent des plateformes d'échange de connaissances et d'expériences entre les brasseurs traditionnels japonais et les producteurs internationaux. L'évaluation par des jurys internationaux a contribué au développement de critères de qualité standardisés et favorise le développement continu de la qualité des produits.

Une tendance notable est l'importance croissante du saké en tant qu'objet de collection. À l'instar du vin ou du whisky, des marchés émergent pour les variétés de saké rares et matures. Des techniques de stockage spéciales et des solutions d'emballage innovantes permettent une durée de conservation plus longue et une maturation contrôlée. Cette évolution a conduit à l'émergence de maisons de ventes aux enchères spécialisées et de fonds d'investissement axés sur le saké premium.

La recherche sur les aspects du saké pour la santé gagne également en importance. Des études scientifiques étudient les composants bioactifs et leurs effets potentiels sur la santé. Un intérêt particulier réside dans les peptides et les acides aminés formés lors de la fermentation. Ces découvertes sont intégrées au développement de produits et conduisent à de nouvelles variantes de saké dotées de propriétés fonctionnelles spécifiques.

Les perspectives d'avenir de l'industrie mondiale du saké sont prometteuses et complexes. L'intégration réussie de la tradition et de l'innovation a créé une base solide pour une croissance future. Plusieurs axes de développement clés émergent qui façonneront l'industrie dans les années à venir.

Les progrès technologiques optimiseront davantage les processus de production, tandis que dans le même temps, l'artisanat traditionnel conservera son rôle important. Cet équilibre entre modernisation et préservation du patrimoine culturel sera crucial pour le développement ultérieur authentique du produit. L'intelligence artificielle et l'automatisation contribueront de plus en plus à l'assurance qualité, tandis que le savoir-faire humain des toji (maîtres brasseurs) reste essentiel au développement du caractère du saké.

L'expansion internationale continuera de s'accélérer avec le nombre croissant de brasseries de saké en dehors du Japon. Cette diversification mondiale produit de nouvelles interprétations et adaptations locales qui élargissent et enrichissent le concept de saké.

Dans le même temps, la position du saké haut de gamme en tant que produit de luxe reconnu sur le marché international des boissons se renforce.

La tendance vers la durabilité transformera fondamentalement l'industrie. Une production climatiquement neutre, des processus économes en ressources et la culture du riz biologique deviendront la norme. Cette orientation écologique répond non seulement aux attentes des consommateurs, mais garantit également la viabilité à long terme de la production de saké.

En conclusion, le saké connaît une évolution remarquable au 21ème siècle. La boisson est passée d'un bien culturel japonais traditionnel à un produit mondial qui allie de manière unique innovation et tradition. La dynamique de ce développement promet un avenir passionnant dans lequel le saké continuera à étendre sa position en tant que boisson complexe, polyvalente et contemporaine.

# Dernier mot

Notre voyage à travers le monde du saké nous amène à une idée fondamentale : le saké est bien plus qu'une simple boisson alcoolisée, c'est un miroir de l'âme japonaise. Dans chaque goutte de ce vin de riz unique mais diversifié se cache une histoire millénaire de tradition, de savoir-faire et d'identité culturelle.

Au cours de notre exploration, nous avons appris la science complexe de la fabrication du saké, de la sélection minutieuse du riz à la fermentation précise sous les yeux vigilants des maîtres brasseurs Toji. Nous avons appris comment l'interaction de la moisissure koji, de la levure et de l'eau crée cette boisson unique selon un processus presque magique. Il est devenu évident que l'art du brassage du saké peut représenter un équilibre parfait entre des connaissances séculaires et la technologie moderne.

Ce qui est particulièrement impressionnant, c'est la variété de profils de saveurs que le saké peut développer - des arômes floraux-fruités aux notes terreuses et riches en umami. Cette complexité fait du saké un digne compagnon non seulement de la cuisine japonaise mais aussi de la cuisine internationale. La popularité croissante du saké en dehors du Japon témoigne de sa capacité à transcender les frontières culturelles et à rassembler les gens.

Le traitement respectueux du saké, les rituels de service précis et l'atmosphère particulière qui entoure une dégustation de saké démontrent la profonde valeur culturelle de cette boisson. À l'heure de la mondialisation et des tendances en évolution rapide, le saké constitue un exemple de la manière dont l'artisanat traditionnel et le patrimoine culturel peuvent être préservés et modernisés en même temps.

L'avenir du saké est confronté à des défis passionnants : l'évolution des habitudes de consommation et l'évolution démographique au Japon façonneront sans aucun doute l'industrie. Mais ces défis en particulier pourraient également offrir des opportunités d'innovation et de développement ultérieur sans perdre de précieuses traditions.

En fin de compte, le saké nous enseigne une leçon importante sur l'importance du temps, de la patience et du dévouement. Dans un monde à la recherche de solutions toujours plus rapides, ce vin de riz nous rappelle que la véritable qualité ne peut être précipitée. Les brasseurs de saké vivent cette philosophie au quotidien, créant un produit supérieur à la somme de ses parties : une œuvre d'art fluide qui véhicule des générations de connaissances et d'expérience.

Puisse ce livre contribuer à approfondir la compréhension et l'appréciation du saké et attirer de nouveaux amateurs de cette boisson fascinante. Parce que chaque fois que nous dégustons un bol de saké, nous participons à une tradition vivante qui relie le passé au présent et pointe vers l'avenir.

Bien à vous, Hermann Candahashi

# Également publié par moi:

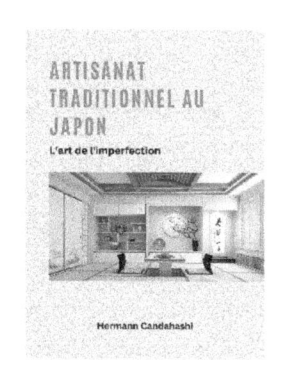

**Artisanat traditionnel au Japon - L'art de l'imperfection**

Chers lecteurs, après deux années de recherches et de travaux préparatoires, j'ai le plaisir de pouvoir vous présenter mon nouveau livre sur l'artisanat japonais. Comme ce qui a été créé, cet ouvrage est également soumis au principe du wabi-sabi et ne peut éclairer toutes les facettes et toutes les caractéristiques de ce vaste pan des traditions japonaises. Néanmoins, il peut être opportun de vous encourager à explorer davantage certains aspects de ces formes d'art fascinantes. Si je réussis à faire ça avec toi, j'aurais atteint mon objectif.

L'artisanat japonais a la capacité unique de combiner art et fonctionnalité. Cela va de la cérémonie traditionnelle du thé aux céramiques artistiquement conçues, des sculptures en bois finement travaillées aux textiles à couper le souffle. Ces traditions se transmettent de génération en génération et sont non seulement l'expression d'un savoir-faire mais aussi d'une profonde signification culturelle et religieuse. Chez eux, l'imperfection n'est pas considérée comme un échec, comme dans les pays occidentaux, mais comme un chemin vers une perfection rarement atteinte.

Un aspect clé de l'artisanat japonais est le respect de la nature et de la simplicité. De nombreux artisans trouvent leur inspiration dans la nature, qu'il s'agisse de la ligne élégante d'un bonsaï ou du mouvement fluide d'un poisson koi. Ce lien avec la nature se reflète non seulement dans les motifs, mais aussi dans les matériaux utilisés. Le bois, le bambou, le papier et la soie sont souvent à la base des créations artistiques.

Le savoir-faire est transmis dans des ateliers spécialisés où les maîtres de leur métier transmettent leurs compétences aux apprentis. Ces années d'apprentissage se caractérisent par le dévouement, la discipline et un profond respect du métier. Les apprentis acquièrent non seulement les compétences techniques, mais aussi la philosophie derrière chaque technique. C'est cette combinaison de technologie et de spiritualité qui rend l'artisanat japonais si unique.

L'un des exemples les plus fascinants de l'artisanat traditionnel au Japon est l'art du Kintsugi, la réparation de céramiques à l'aide d'un mélange de laques d'or ou d'argent. Au lieu de cacher les bris, ils sont rehaussés de métaux précieux, ce qui non seulement ajoute un élément esthétique mais véhicule également un message philosophique : la beauté de la réparation et l'appréciation de l'éphémère.

Dans les prochains chapitres, nous appro-fondirons les différentes facettes de l'artisanat japonais, depuis les masques Nô élaborés jusqu'au forgeage précis des épées de samouraï. Rejoignez-nous dans un voyage à travers des siècles de tradition et d'innovation en explorant le patrimoine de l'artisanat japonais.

L'art céramique au Japon se caractérise par une beauté et une diversité uniques. De la porcelaine délicate d'Arita à la poterie rustique de Mashiko, les maîtres potiers japonais maîtrisent l'art de transformer l'argile en formes époustouflantes. Les bols à thé faits à la main connus sous le nom de "

Chawan " en sont un exemple remarquable. Ce ne sont pas seulement des objets du quotidien, mais aussi des œuvres d'art qui capturent l'essence de la cérémonie du thé.

L'art du wagashi, confiserie traditionnelle japonaise, constitue également un chapitre fascinant. Ces friandises ne sont pas seulement un délice pour les papilles mais aussi un délice visuel. Du mochi coloré à l'anmitsu aux formes complexes en passant par le délicat manju, les créations des maîtres Wagashi rendent hommage à l'esthétique et au goût.

Les masques Noh sont un autre chef-d'œuvre de l'artisanat traditionnel. Ces masques sont utilisés pour le théâtre Nô et sont des expressions de personnages, de dieux et d'esprits. L'art de la fabrication des masques Noh nécessite non seulement un savoir-faire artisanal, mais également une compréhension profonde de la signification spirituelle de chaque masque. Les expressions faciales, représentées par de subtiles sculptures, confèrent aux masques une présence vivante sur scène.

L'art textile au Japon est tout aussi impressionnant. Des magnifiques kimonos aux broderies élaborées au fin tissage Kasuri, dans lequel des motifs sont créés en insérant soigneusement des fils, la variété et la sophistication de l'art textile japonais sont presque illimitées. La créativité des tisserands et des tailleurs est évidente dans chaque pièce, qu'il s'agisse d'un kimono formel ou d'un obi de tous les jours.

L'art de la fabrication de l'épée des samouraïs, souvent connu sous le nom de " Tameshigiri ", mérite également une attention particulière. L'art de fabriquer un katana nécessite non seulement des compétences techniques, mais également une compréhension approfondie de la philosophie de l'épée. De l'acier forgé à la monture ornée, chaque détail d'une épée de samouraï raconte une histoire de savoir-faire et de tradition guerrière.

L'artisanat japonais n'est pas seulement un héritage du passé, mais aussi un patrimoine vivant en constante évolution. Les artisans modernes apportent leur propre créativité à la tradition, créant des œuvres innovantes qui comblent le fossé entre le passé et le futur. Cette synergie entre tradition et modernité fait de l'artisanat japonais un élément fascinant et dynamique de la culture japonaise.

L'artisanat japonais est imprégné d'une profonde compréhension de l'esthétique du wabi-sabi. Le Wabi-Sabi est une perspective philosophique qui met l'accent sur la beauté de l'imparfait, de l'irrégularité et de l'éphémère. Ce concept a une influence significative sur l'artisanat traditionnel japonais.

Dans l'art céramique, le Wabi-Sabi se manifeste par exemple dans la simplicité des formes et dans les glaçures naturelles, souvent irrégulières. Les artisans apprécient la beauté des fissures ou des imperfections subtiles créées lors du processus de cuisson. Chaque tasse, bol ou vase devient une œuvre d'art unique qui capture le caractère unique de l'instant et la fugacité du temps.

…

## L'histoire des Geishas au Japon - Une excursion à travers l'histoire culturelle du Japon

Les geishas sont un élément fascinant et important de l'histoire culturelle japonaise. Son image est souvent mystifiée et incomprise, tant au Japon qu'à l'étranger. Avec ce livre, "L'histoire des geishas au Japon - Une excursion à travers la culture japonaise", je voudrais donner au lecteur un aperçu approfondi du monde des geishas et montrer leur véritable rôle et leur importance dans la société japonaise.

Les geishas ne sont pas seulement des artistes, mais aussi des gardiennes des arts et de l'étiquette traditionnels. Leur métier nécessite des années de formation et de dévouement. Ces femmes incarnent l'élégance, le talent artistique et la discipline cultivés et transmis de génération en génération. À l'heure où la modernité avance inexorablement, les geishas s'accrochent à de précieuses traditions et préservent un héritage culturel profondément ancré dans l'histoire japonaise.

Ce livre est le résultat de recherches intensives et de nombreuses conversations avec des geishas, des historiens et des spécialistes de la culture. Il met en lumière non seulement les racines historiques et le développement de la culture des geishas, mais également les défis et les changements qu'elle a connu au fil des siècles. Il est particulièrement intéressant d'observer comment le rôle des geishas a changé dans le Japon moderne et quelles sont les perspectives d'avenir de cette culture unique.

L'histoire des geishas est étroitement liée à l'histoire du Japon. De l'essor des samouraïs et de l'apogée des arts pendant la période Edo, à la restauration Meiji et à l'ouverture du Japon à l'Occident, en passant par les défis du XXe siècle, tous ces événements historiques ont façonné et changé la culture des geishas. La geisha n'est pas seulement un symbole de féminité et de beauté, mais aussi de résilience et d'adaptabilité dans un monde en constante évolution.

Dans ce livre, vous découvrirez non seulement les aspects historiques et culturels de la tradition des geishas, mais vous découvrirez également des histoires personnelles et des expériences des geishas elles-mêmes. Ces histoires offrent un aperçu authentique de la vie et de l'esprit de ces femmes fascinantes. Ils parlent de leur quotidien, de leur formation et des défis auxquels ils sont confrontés. En même temps, elles révèlent les liens émotionnels et sociaux profonds qui unissent les geishas entre elles et avec leurs clients.

Un autre objectif de ce livre est de dissiper les nombreux mythes et idées fausses souvent associés à l'image de la geisha. Trop souvent, les geishas sont présentées à tort comme des prostituées ou leur art est réduit à un simple divertissement. Mais en réalité, le monde des geishas est plus diversifié et complexe. Leur rôle en tant que porteurs culturels, leurs compétences dans les arts du spectacle et leur importance dans le tissu social japonais méritent une considération différenciée et respectueuse.

L'histoire des geishas est aussi une histoire de femmes au Japon. Il reflète les changements sociaux et politiques qui ont affecté la vie des femmes dans la société japonaise. De la hiérarchie stricte de l'époque féodale à la démocratie moderne, les conditions des femmes n'ont cessé de changer.

Dans cette dynamique, les geishas ont trouvé et affirmé leur place. Leurs histoires témoignent de la force et de l'ingéniosité de femmes qui ont tracé leur propre chemin dans une société dominée par les hommes.

J'espère que ce livre vous offrira un aperçu nouveau et plus profond du monde fascinant des geishas et contribuera à promouvoir la compréhension et l'appréciation de cette culture unique. Puisse-t-il vous faire découvrir la beauté et la profondeur des traditions japonaises et illustrer le talent artistique et le dévouement admirables des geishas.

Avec cet avant-propos, je vous invite cordialement à embarquer pour un voyage à travers l'histoire et la culture du Japon, qui vous mènera des magnifiques salons de thé de Kyoto au cœur des geishas modernes. Laissez-vous envoûter par l'élégance, l'art et l'histoire des geishas, un monde à la fois mystérieux et fascinant.

…

Milton Keynes UK
Ingram Content Group UK Ltd.
UKHW021840231124
451423UK00001B/144